PROFESSION D'AVOCAT.

LOIS

ET

RÈGLEMENTS

DEPUIS CHARLEMAGNE.

DISCOURS

PRONONCÉ

PAR

Me FÉLIX LIOUVILLE,

Bâtonnier de l'Ordre des Avocats à la Cour Impériale de Paris,

LE 16 AOUT 1858,

À LA CLÔTURE DES CONFÉRENCES.

> Le travail éloigne de nous trois grands maux : l'ennui, le vice et le besoin.
>
> VOLTAIRE.

IV.

IMPRIMÉ AUX FRAIS DE L'ORDRE.

PARIS

SIMONET-DELAGUETTE, Imprimeur de l'Ordre des Avocats,

Rue des Écouffes, 5

Décembre 1858.

PROFESSION D'AVOCAT.

LOIS

ET

REGLEMENTS.

« Ceux qui savent comme l'on vit en ce théâtre de la justice reconnaissent ingé-
« nument que les juges y seraient du tout inutiles et sans fonctions, si les avocats
« ne venaient à leur secours, et, par leur industrie et laborieux travail, ne leur
« découvraient la vérité déguisée par les artifices des plaideurs, et l'équité plongée
« et comme abîmée dans les gouffres et fondrières de la chicanerie . . . . . .
« . . . .
« . . . .
« . . . .

« Les avocats, dira quelqu'un, n'ont point de puissance sur la vie et les biens des
« hommes; mais, au contraire, je dis qu'elle dépend plus d'eux que de personne
« au monde. Qui est celui, si innocent en ce monde, auquel quelquefois la calomnie
« ne s'attache, et que, par artificieuses faussetés, elle ne jette en un manifeste péril
« de perdre l'honneur et la vie? Qui est celui qui a son patrimoine à si bon titre
« et si bien assuré qu'il ne puisse craindre les ruses d'un notable brouillon qui le
« jettera dans les pays de la chicanerie?

« Hunc expulit alter,
« Illum nequities et vafri inscitia juris.

« Mais l'avocat, accourant à son secours, armé de ces deux grands et puissants
« traits, l'érudition et l'éloquence, le retire de la foule, le met en sauveté, con-
« traint les juges de lui prêter l'autorité publique pour sa protection et défense.
« Tellement que, si la pureté de notre religion ne nous empêchait d'user des
« termes des anciens, nous pourrions à bon droit appeler les avocats les dieux
« tutélaires de la justice et de l'innocence. »

DUVAIR, *Discours d'ouverture du Parlement d'Aix* (1602).

Cet éloge de notre profession, fait par un magistrat aussi éminent, a déjà été cité par notre confrère *J. Bonnet*, dans ses *Considérations* sur le Barreau français, — que son illustre père a insérées au Tome II de ses œuvres. Je le cite de nouveau pour montrer aux Stagiaires à quel degré d'estime étaient parvenus nos anciens; et les engager à mériter, par leurs talents et leurs vertus, qu'on en pense et qu'on en dise autant d'eux.

F. L.

PROFESSION D'AVOCAT.

LOIS

ET

RÉGLEMENTS

DEPUIS CHARLEMAGNE.

DISCOURS

PRONONCÉ

Par

Me FÉLIX LIOUVILLE,

Bâtonnier de l'Ordre des Avocats à la Cour Impériale de Paris,

LE 16 AOUT 1858,

A LA CLÔTURE DES CONFÉRENCES.

> Le travail éloigne de nous trois grands maux : l'ennui, le vice et le besoin.
>
> VOLTAIRE.

IV.

IMPRIMÉ AUX FRAIS DE L'ORDRE.

PARIS

SIMONET-DELAGUETTE, Imprimeur de l'Ordre des Avocats,

Rue des Écouffes, 5

Août 1859.

Ce petit Livret, tout incomplet qu'il soit, a exigé d'assez grandes recherches. Il m'eût été difficile de composer le *Discours*, et, vu l'état de ma santé, impossible de rédiger les *Notes*, sans le concours actif, intelligent et dévoué de plusieurs collaborateurs, en tête desquels je dois citer MM. Hubert-Brierre et Achille Delorme, jeunes avocats distingués de notre Barreau. Mon fils, Albert Liouville, est, aussi, venu à mon aide.

F. L.

ABRÉVIATIONS.

Quand je cite un auteur avec le numéro du volume et celui de la page, sans désigner son œuvre, j'entends parler d'un ouvrage que je signale plus haut ou plus bas, avec détail.

Ainsi :

LOISEL, page 10, veut dire : *Dialogue des Advocats*, etc.
FOURNEL, Tome II, page 25, — *Histoire des Avocats*, etc.
M MOLLOT, page 81, — *Règles sur la profession*, etc.

PRÉFACE.

Cet opuscule clôt la série des *Instructions familières* que je résolus d'offrir aux stagiaires, dès que, par la bienveillance du Conseil, je fus appelé à l'insigne honneur du bâtonnat.

Mon premier Discours, du 22 novembre 1856 *(Devoirs, Honneurs, Avantages et Jouissances de la profession d'Avocat)*, expose les devoirs généraux de notre belle profession, et recherche les raisons qui doivent nous la faire aimer.

Le second, du 17 août 1857 *(Le Stage)*, indique les travaux qui constituent, spécialemeut, le Stage, et la manière de le rendre utile.

Le troisième, du 28 novembre 1857 *(La Plaidoirie)*, demande à l'expérience et aux maîtres de la parole les moyens d'étudier une affaire et de la présenter aux juges.

J'y ai joint un Appendice sur les *Mémoires* et les *Consultations*.

Enfin, le Discours du 16 août 1858 *(Lois et Règlements)*, que je publie aujourd'hui, indique par quelles Lois et quels Règlements notre profession a été régie depuis Charlemagne.

A chacun de ces Discours j'ai joint des *Notes* qui, malgré leur étendue, n'ont pas la prétention d'instruire les Stagiaires, mais dont le but est de les engager à s'instruire eux-mêmes par l'étude attentive et assidue des originaux.

J'ai fait pour eux ce que j'aurais désiré qu'on eût fait pour moi ; le guide que j'ai cherché, en entrant dans la carrière, j'ai essayé de le leur donner. Si j'ai pu être utile à quelques-uns, mes vœux sont accomplis. Cependant la tâche n'est pas remplie ; et je sens tout ce qui manque. Mais de plus habiles viendront, qui diront, mieux que je ne pourrais faire, tout ce qui est nécessaire à l'instruction de cette jeunesse qu'attendent la justice et la patrie, et dont on ne peut avoir été le guide, ne fût-ce qu'un jour, sans en rester, pour toute la vie, l'ami fidèle et dévoué.

Paris, le 10 Août 1859.

CHERS CONFRÈRES,

Cette Conférence est la dernière qu'il me soit donné de présider, comme Bâtonnier en exercice.

J'ai dû, comme d'habitude, m'appliquer à vous la rendre utile; et cette utilité spéciale, but unique de tous mes Discours, je l'ai placée, pour celui-ci, dans l'étude de la Constitution légale de notre chère profession.

En conséquence, après vous avoir entretenu de nos travaux de cette année, je rechercherai, avec vous, quels sont *les lois et les réglements qui ont régi et qui régissent la profession d'Avocat.*

Personne ne peut ignorer les lois de sa profession, et chacun désire, avec raison, en connaître l'histoire.

Ici, nous avons ce grand avantage que ce ne sont pas seulement des règles matérielles que rencontre cette histoire; mais qu'elle touche, surtout, à des règles morales; et, par là, s'augmente encore l'attrait naturel qu'elle peut avoir pour nous.

La mettre sous vos yeux et attirer sur elle votre studieuse attention, était donc la meilleure manière de clore ces Conférences et de vous montrer, une fois de plus, tout l'intérêt que mon cœur vous porte.

1re PARTIE.

TRAVAUX DE LA CONFÉRENCE (1).

I.

La forme nouvelle que vos travaux ont revêtue leur a donné une puissance et une force qu'ils n'avaient pas.

Ceux qui veulent rester au Barreau y ont trouvé une école d'*Improvisation* et de *Réplique ;* et ceux qui veulent entrer dans la Magistrature une école de *Conclusions civiles,* que les uns et les autres auraient, autrefois, cherchées, en vain, ici (2).

---

(1) Ces travaux ont compris toutes les questions importantes qu'a fait naître le Livre III du Code civil, à partir du titre III. — Dans le courant de l'année 1856-1857, nous avions parcouru tout ce qui précède.

(2) Dans une Note de mon Discours du 17 août 1857 (*le Stage*), j'ai expliqué le changement auquel je fais allusion ici.

Voici cette Note :

« Les travaux de la Conférence étaient ainsi disposés :

« Un des Secrétaires lisait un Rapport écrit sur une question préalablement sou-« mise au Bâtonnier.

« La question était affichée quinze jours durant, et, pendant cette quinzaine, le « Rapport était à la disposition de tous.

« La discussion était soutenue par quatre stagiaires, deux pour l'affirmative et « deux pour la négative.

« C'est le sort qui les désignait sur une double liste où chacun s'était inscrit, *sui-« vant son opinion.*

« Ils parlaient alternativement, de manière que le second répondait au premier, « le troisième au second et le quatrième au troisième.

« Les derniers étaient invités par le Bâtonnier à ne pas suivre de thèmes précon-

Il m'a semblé, aussi, que de cette forme nouvelle sortait un autre genre d'utilité; que le droit de réplique, introduit dans vos exercices, donnait plus de précision à vos plaidoiries et en enlevait les redites ; que votre parole, suivant, de plus près, les leçons de l'audience, avait acquis plus de fermeté, plus de résolution; et que, pour plusieurs d'entre vous, elle prenait, déjà, pour ainsi dire, possession du Barreau.

J'en suis heureux et fier. Le viel arbre aura des rejetons!

II.

Le secrétariat s'est, comme à l'ordinaire, distingué par ses *Rapports écrits* (1).

« cus, mais à s'attacher, surtout, à la réfutation de ce qu'on venait de dire avant « eux, afin de se former à la réplique.

« Le Bâtonnier résumait.

« Il faisait presque toujours connaître son opinion sur la manière dont chaque « avocat avait plaidé.

« La Conférence votait sur la question.

« A la dernière Conférence cette marche a été modifiée, en ce qu'au lieu de « quatre stagiaires, trois seulement ont été appelés à la plaidoirie.

« Les deux premiers ont plaidé et répliqué. De plus, ils ont été tenus de lire des « conclusions écrites, développées, déposées et échangées à l'avance.

« Le troisième a fait l'office de ministère public.

« C'est cette marche qui sera suivie l'an prochain. »

Et c'est, en effet, la marche qui a été suivie.

(1) Les secrétaires de la conférence ont été, pour l'année 1857—1858 : MM. Ernest Lefèvre, Guibourd, Paul Bethmont, Varembon, Édouard Dupont, Desjardins, Bérard Desglajeux, De Valroger, Delpech, Vavasseur, Chenal, Peaucellier.

Le 10 novembre 1857, M. Delpech, démissionnaire, a été remplacé par M. Récamier ; le 12 avril 1858, M. Paul Bethmont, démissionnaire, par M. Bucquoy ; et, le 18 mai 1858, M. Récamier, démissionnaire, par M. Batbedat.

Le Conseil de l'Ordre a désigné MM. Ernest Lefèvre et Guibourd pour les discours

II

Les plaidoiries ont eu, pour la plupart, de l'ordre et de la vigueur; et, quelques-unes, de l'éclat.

La Jurisprudence y a trouvé une place qu'elle n'avait jamais eue et que vous avez su, pourtant, ne pas faire trop large, afin de laisser aux principes la prédominance qui leur appartient.

Enfin, les *Conclusions écrites* ont été, quelquefois, très-bonnes.

III.

Sur ce dernier point, mes louanges ne sont pas aussi complètes que je l'aurais désiré; et je suis contraint de m'arrêter un instant pour vous parler de cet utile travail, dont l'importance ne m'a pas paru frapper suffisamment certains esprits attirés, d'une manière trop exclusive, par les séductions de la plaidoirie ; mais j'espère qu'il

---

de rentrée des Conférences de 1858-1859, donnant pour sujets, au premier : *des Légistes et de leur influence aux XIIe et XIIIe siècles* ; et au second : *l'Éloge de Billecoq*.

§

Les Rapports des secrétaires ont pour objet des questions choisies, sur leur présentation, par le Bâtonnier. La recherche de ces questions peut être, par elle-même, l'occasion d'un travail très-utile, lorsque, pour y arriver, il s'agit d'explorer une seule matière, parce qu'on peut, alors, étudier scrupuleusement l'ensemble de cette matière ou l'une de ses grandes parties. Telle a été, sous mon bâtonnat, la circonstance où le secrétariat s'est trouvé. La résolution ayant été prise de suivre les articles du Code civil dans leur ordre, chaque secrétaire avait à rechercher ses questions dans un titre, un chapitre ou une section, dont il pouvait, assez longtemps d'avance, étudier facilement jusqu'aux moindres détails. Il me présentait, par écrit, cinq ou six questions, avec l'indication de la doctrine et de la jurisprudence. Pour qu'il ne se contentât pas de copier les tables de Sirey, de Dalloz ou du Journal du Palais, je lui demandais les motifs principaux de chaque question, et les raisons de préférence que chacune d'elles, pouvait offrir sur les autres. Cet examen entraînait avec lui l'obligation d'une étude éminemment profitable dont j'avais eu soin d'indiquer le but et dont il était, dès lors, facile d'apprécier l'importance.

me suffira d'en bien marquer le but et la portée, pour qu'il pénètre et s'implante dans les habitudes du Stage.

§

Qu'ai-je désiré, lorsque j'ai organisé vos plaidoiries comme celles du Palais, et, spécialement, lorsque je vous ai imposé l'obligation de rédiger des *Conclusions?*

D'abord, j'ai voulu vous faire faire un pas de plus vers la réalité des affaires, — objet fondamental du Stage.

Devant les tribunaux, il n'y a pas de plaidoirie sans *Conclusions.* Elles sont, il est vrai, pour la plupart, l'œuvre de l'avoué. Mais si l'avocat, qui doit les développer, ne sait pas, au besoin, les faire, comment enseignera-t-il la rectification de celles qui seront mauvaises? et, si quelque incident en exige de nouvelles, comment indiquera-t-il la direction qu'elles devront prendre?

Voudriez-vous qu'alors un clerc de procureur vous en montrât la façon, et se moquât de vous pour ne l'avoir trouvée? ne vous convient-il pas, au contraire, de pouvoir prendre une initiative qui atteste, aux yeux de tous, votre capacité et votre intelligence en affaires?

Prenez garde, ensuite, que vous ne pourrez pas, partout et toujours, compter sur l'appui du dehors. On conclut, aussi, au criminel; et il y a tel incident grave qui vous trouvera seuls, ayant toutes les fonctions, tous les devoirs, toutes les responsabilités. Ne sera-ce rien pour vous que d'avoir, en ces conférences, pris l'habitude des Conclusions?

Ce premier point de vue a son importance.

§

Mais voyons ailleurs.

Rédigées avant la Note de plaidoirie, les Conclusions en donnent le plan. Rédigées après, elles en donnent l'analyse. Dans l'un ou l'autre cas, les idées mûrissent par le travail de la plume.

Si ce travail amène, d'ordinaire, la précision de la pensée et la fermeté du style, n'est-il pas clair qu'on en retrouvera la trace dans la plaidoirie?

A quelque époque qu'elle ait lieu, cette rédaction fixe dans la mémoire l'ensemble de l'affaire, ses grandes divisions, ses raisons maîtresses et plus d'un détail utile; — et nul d'entre vous ne peut mettre en doute que le rédacteur des conclusions ne soit, en les développant, beaucoup plus sûr de lui-même que celui qui les a reçues de mains étrangères.

C'est là un second point de vue.

§

Mais vous ne devez pas ignorer, en outre, que la défense n'est pas seulement orale; elle est, souvent, *écrite;* et, alors, l'une de ses formes les plus habituelles est celle de *Conclusions motivées;* l'avocat les fait; il les signe, conjointement avec l'avoué; on les imprime, on les distribue, et, suivant l'époque où elles apparaissent, le juge y trouve soit l'exposé de l'affaire qu'alors vous lui apprenez d'avance. soit le souvenir de l'audience où votre écrit le ramène, soit, enfin, la réfutation des objections que le défaut de temps ou de pièces ne vous a pas permis de lui présenter.

Or, ce que je vous ai demandé, ce ne sont pas quelques lignes plus ou moins décousues, se rattachant, d'une manière plus ou moins éloignée, à la question; ce sont, précisément, des *Conclusions motivées*, d'une large facture, quoique le tissu en soit serré; purgées de phrases; abondantes en idées; ne disant pas tout, mais indiquant tout, exposition, argumentation, réfutation, substance du système, nom des auteurs, date des arrêts.

Si vous n'apprenez pas, ici, à les faire, dans quel temps, dans quel lieu, dans quel livre, je vous prie, en trouverez-vous l'occasion et l'enseignement?

§

La *langue écrite* du Droit est un genre de littérature qu'il ne vous est pas permis d'ignorer. Elle ne se devine pas plus que sa langue parlée; elle a besoin, comme celle-ci, d'un long apprentissage, et on ne la perfectionne que par un continuel exercice. Ce n'est qu'en écrivant beaucoup et en entourant cette étude de beaucoup de soins qu'on parvient à écrire le Droit avec cette clarté, cette justesse, cette simplicité de bon sens nécessaires pour le faire comprendre, et dont Cochin et Pothier nous ont, en des genres différents, laissé d'impérissables modèles (1).

Eh bien! j'ai désiré vous faire trouver, ici, les premiers éléments de cette langue.

Pensez-vous que cela soit sans quelque utilité?

§

A qui trouvera que j'ai trop demandé, je réponds que j'aurais voulu bien plus.

J'aurais voulu que cette Conférence vous eût offert un *enseignement complet de tout ce qui se fait au Barreau*, et que vous eussiez pu en sortir préparés, non-seulement pour la *Plaidoirie* et les *Conclusions*, mais, encore, pour les *Consultations* et les *Mémoires*, qu'on ne peut apprendre aujourd'hui que dans le cabinet des anciens.

Ce bonheur ne m'a pas été donné; il est, j'espère, réservé à l'un de ceux qui viendront après moi; et, dans votre intérêt, je souhaite que ce soit au plus proche.

§

Quelque peu que j'aie fait, vous pouvez, cependant, y trouver, dès aujourd'hui, un grand avantage.

---

(1) COCHIN (Henry), avocat au Parlement de Paris, né à Paris, le 10 juin 1687; — mort à Paris, le 24 février 1747.

POTHIER (Robert-Joseph), professeur de droit civil à l'Université d'Orléans, né à Orléans, le 9 janvier 1699; — mort à Orléans, le 2 mars 1772.
Orléans lui élève une statue.

L'année dernière, en effet, les *Rapports du Secrétariat* étaient les seules pièces écrites de la Conférence. En plaçant à côté d'eux les *Conclusions motivées*, j'ai fourni à tous l'occasion, dont les Secrétaires jouissaient seuls, d'écrire sur le Droit; et comme rien ne s'oppose à ce que les *Conclusions* empruntent aux *Rapports* leurs qualités solides, sans emprunter tous leurs développements, il s'ensuit que, par le fait, je vous ai créé tous Secrétaires en ce point; je ne pouvais vous en donner le titre; mais je vous ai mis en main le moyen de prouver que vous le méritez; et, d'un travail analogue, vous pouvez, maintenant, tirer profit semblable.

§

Que ceux donc qui sont tentés de ne voir qu'une formalité indifférente dans nos conclusions, qui les dédaignent, les écrivent sur le genou, et se disent : « Tout est dans le développement oral! » Que ceux-là se désabusent. Ils perdent un excellent moyen de se former.

J'ajoute qu'ils en perdent un de se faire connaître et conspirent, volontairement, contre leurs propres succès; car ils ne peuvent ignorer que le Bâtonnier, dans ses présentations, et le Conseil, dans ses choix, tiennent grand compte des travaux écrits; et je leur dis, à l'avance, que l'avenir leur en tiendra bien plus grand compte encore (1).

---

(1) Voici le *Projet d'Arrêté* que j'avais préparé sur les *Nominations d'office*. Différentes circonstances ont empêché la signature de cet arrêté; mais j'en ai suivi les dispositions pendant mon bâtonnat :

Nominations d'office.

Art. 1er. — « La liste des Avocats stagiaires auxquels le Bâtonnier confie ordinai-
« rement les causes de *police correctionnelle* se composera de ceux qui se seront
« distingués en parlant à la Conférence.

Art. 2 — « La liste des Avocats stagiaires auxquels le Bâtonnier confie ordinaire-
« ment les causes *d'appel* se composera des Secrétaires et de ceux dont les plaidoi-
« ries ou les conclusions à la Conférence auront été le plus remarquées.

Art. 3. — « La liste des Avocats auxquels le Bâtonnier confie ordinairement les

IV.

J'ai désiré qu'avant de prendre vos Conclusions à la Barre de la Conférence, vous ayez soin de vous les communiquer réciproquement, comme adversaires, et de les communiquer à celui qui remplit l'office de ministère public, — et cela, plusieurs jours à l'avance.

Il y a là, d'abord, franchise, loyauté, hardiesse; c'est donc l'initiation naturelle à la guerre franche, loyale et hardie que vous réserve votre profession; vous apprendrez, par là, et vous retiendrez, pour toute votre vie, que vous devez à vos confrères et la communication complète de toutes vos pièces et le premier exemplaire de tous vos écrits (1).

« causes d'*assistance judiciaire* se composera : des Avocats inscrits depuis trois ans, « des Secrétaires de la Conférence, de ceux dont les plaidoiries et les conclusions « à la Conférence auront été le plus remarquées, et de ceux qui auront travaillé « dans une étude d'avoué.

ART. 4. — « La liste des Avocats présentée tous les trimestres à MM. les Présidents « d'*assises* pour les nominations d'office se composera : d'un ancien Bâtonnier, de « quatre membres du Conseil, des Secrétaires de la Conférence, de douze Avocats ins- « crits, et de douze Stagiaires choisis sur la liste de ceux chargés des causes d'appel. »

(1) M. MOLLOT pose, avec raison, ces deux règles :

« 117.

« Entre confrères, inscrits au Tableau ou simples stagiaires, la communication a « lieu, sans récépissé, avec une confiance, avec un abandon sans limites. Si le client « voulait s'y opposer, l'avocat devrait refuser la défense. Ici c'est l'intérêt de « l'Ordre qui prévaut.

« 120.

« Lorsque l'avocat rédige une note pour les juges ou consent à y attacher son « nom, la règle exige qu'il fasse remettre la *première* copie à son adversaire. Cette « règle, qu'on a le tort de ne pas toujours observer, ne souffre aucune exception ; « et les magistrats sont les premiers à se plaindre, s'ils supposent qu'un pareil oubli « a eu lieu. Il n'est pas besoin d'indiquer le motif. »

Règles sur la profession d'Avocat, p. 95 et 96.

« Comme c'est uniquement la vérité et la justice que les avocats cherchent à

Ne doit-il pas, ensuite, sortir de cet échange, une louable émulation? Y en a-t-il un seul d'entre vous qui, recevant un bon travail de son confrère, consente à le payer par un travail de bas aloi et à confesser ainsi, publiquement, une sorte d'insolvabilité intellectuelle?

« faire triompher, il s'est établi entre eux un usage constant de ne point plaider « sans s'être communiqué toutes les pièces qui doivent appuyer leur défense. On ne « combat que parce qu'on s'est assuré de la justice de sa cause, et on n'emploie des « titres que parce qu'on les croit authentiques et légitimes, puisqu'on donne au dé- « fenseur de celui contre lequel ils sont produits le loisir de les examiner. Cette « communication est même avantageuse pour les parties. Quelquefois l'avocat y « découvre des faits qu'on lui avait dissimulés; il n'emploie alors son éloquence que « contre son propre client; il le dissuade de la poursuite d'un procès injuste.

« La manière dont la communication des pièces se fait entre avocats est bien, ainsi « que l'a qualifiée un de nos anciens, *un apanage d'incorruptibilité sublime*. Il n'est « question ni de *récépissé*, ni d'inventaire des pièces communiquées. Les titres ori- « ginaux les plus précieux sont remis sans formalités, parce qu'ils sont toujours « rendus tels qu'ils ont été donnés, et à la première réquisition de l'avocat qui les a « communiqués. Cet usage, le même depuis plusieurs siècles, *et dont il n'est point* « *encore jamais advenu faute*, pour me servir des expressions de Pasquier, dans le « *Dialogue des Avocats*, suffirait pour attester les sentiments d'honneur qui sont « l'âme de leur profession. »

CAMUS, *Lettres sur la profession d'Avocat*, lettre 1re, Édit. de *M. Dupin*, 1830, T. I, p. 270.

« .... *Remarquez cet exemple*, dis-je, *vous autres ieunes gens*, et « non-seulement ceux d'entre vous qui sont ou désirent être conseillers et officiers « du roy, mais aussi ceux qui doivent demeurer advocats, *et vous souvenez de con-* « *server et transmettre à vos successeurs l'honneur que vos anciens vous ont acquis* « *d'estre fidels en la communication de vos sacs, sans y rien recéler, déguiser ny* « *retenir, qui seraient autant d'espèces de faussetez*. — C'est, à la vérité, un grand hon- « neur, reprit M. Pasquier, que les advocats de cette cour méritent par dessus ceux des « autres parlements et compagnies souveraines, lesquels ne se communiquent leurs « pièces que par inventaires, comme se défiant les uns des autres; au lieu, qu'en ce « parlement, les advocats, s'entrecommuniquans leurs pièces, s'en reposent absolu- « ment sur leur simple foy, *et il n'en est point encores jamais advenu faute*. »

LOISEL, *Pasquier* ou *Dialogue des Advocats du Parlement de Paris*, Édit. de *M. Dupin*, 1844, p. 58.

V.

Ce que je viens de dire ne s'applique pas seulement à la grande Conférence; c'est aussi, et, d'abord, aux Conférences particulières qui en sont la préparation ou l'auxiliaire.

Le Bâtonnier, dont la sollicitude s'étend à tous les stagiaires, comme à autant de pupilles dont il est le tuteur, se fait rendre compte des travaux de toutes les Conférences et il y applaudit de grand cœur; car ses applaudissements sont partout où la jeunesse grandit et s'épure par le travail, comme ses prières et ses exhortations à revenir au bien sont partout où elle s'abaisse et se perd par l'abus du plaisir et la dissipation (1).

Je prie donc les réunions de travailleurs de nous envoyer des stagiaires déjà habitués à l'utile exercice des *Conclusions motivées*. Plus tôt on l'aura commencé, plus tôt il sera profitable; et qui l'aura ébauché ailleurs, ici, le perfectionnera (2).

---

(1) Un Rapport très-intéressant sur les Conférences particulières des stagiaires a été fait, cette année, sur ma demande, par notre confrère *Me Bournat*. Ce Rapport est imprimé.

(2) Au 12 août 1858, le nombre des *Avocats inscrits au Tableau* était de 696; celui des *Stagiaires* de 575; — j'avais distribué 586 affaires d'*Assistance judiciaire* à 136 avocats.

IIme PARTIE

LOIS ET RÉGLEMENTS.

I.

Recherchons, maintenant, les *Lois et Réglements* de notre profession.

Mon but n'est pas d'entrer dans le détail de chacun d'eux ; il est, seulement, de vous en dire assez pour vous inspirer l'envie d'en étudier les textes.

Ils ont leurs historiens et leurs commentateurs : je vous y renvoie, ce discours ne pouvant admettre qu'une simple exposition, qui, cependant, doit être un peu étendue pour être vraiment utile.

II.

L'abolition de notre Ordre en 1790 divise naturellement la série de ces documents en deux parties ; l'une, antérieure au 2 septembre 1790 ; l'autre, postérieure à cette époque.

CHAPITRE PREMIER.

AVANT LE 2 SEPTEMBRE 1790.

SECTION PREMIÈRE

Depuis les Capitulaires jusqu'au XIVe siècle.

I.

Avant les Capitulaires de Charlemagne.

Notre ancien bâtonnier FOURNEL commence ainsi l'histoire de notre Ordre :

« De tous les États de l'Europe, la Gaule est celui qui a montré « le plus de goût et de dispositions pour l'exercice du Barreau.

« Vif, ingénieux et babillard, le Gaulois se faisait un spectacle amu- « sant de cette espèce d'escrime judiciaire. Le Barreau gaulois avait « étendu si loin sa renommée que les nations étrangères envoyaient « leurs jeunes gens en Gaule pour s'y instruire dans l'art de plaider.

« Juvénal, qui vivait dans le premier siècle de notre ère appelle la « Gaule la *mère nourrice des avocats*, et il nous apprend que c'était « la Gaule qui formait les avocats des Iles Britanniques (1). »

---

(1) *Histoire des Avocats au Parlement et du Barreau de Paris*, depuis saint Louis jusqu'au 15 octobre 1790, par FOURNEL, ancien avocat au Parlement de Paris, T. 1, p. 1.

En note du passage ci-dessus transcrit, *Fournel* met ces deux passages latins :

« Nutricula causidicorum, Gallia. »

« Gallia causidicos docuit facunda Britannos. »

La seconde citation, parfaitement exacte, est tirée de la satire XV de Juvénal et

Il est permis de conclure de là qu'une profession qui occupait une telle place dans l'État, avait, dès-lors, ses lois et ses réglements.

Aussi, nos historiens affirment-ils que l'application de la législation romaine sur le Barreau a été l'une des conséquences de la conquête des Gaules, et que l'empire de cette législation s'est prolongé au-delà même de la domination de Rome (1).

Quand vint, cependant, la conquête des Franks, vinrent avec elle la *Féodalité*, son incorporation au sol; et *le Jugement de Dieu*,

---

fait partie de ce couplet :

110. « Nunc totus Graias nostrasque habet orbis Athenas,
« Gallica causidicos docuit facunda Britannos
« De conducendo loquitur jam rhetore Thule. »

Mais la première citation, empruntée à la satire VII, n'a pas la même exactitude; la Gaule est bien indiquée par Juvénal comme amie des parleurs : mais c'est l'Afrique qu'il nomme la mère nourrice des avocats :

146. « Quando licet Basilo flentem producere matrem?
« Quis bene dicentem Basilum ferat? accipiat te
« Gallia, vel potius, nutricula causidicorum
« Africa, si placuit mercedem ponere linguæ. »

Quelle que fondée que soit cette critique sur un détail, elle n'ôte pas à l'opinion de *Fournel* ce qu'au fonds celle-ci a de vrai.

Voir, aussi, ce que dit LOISEL de l'opinion des Romains sur l'éloquence de l'ancienne Gaule, dans son *Pasquier* ou *Dialogue des Advocats au Parlement de Paris*. C'est aux Gaulois qu'il applique le mot de Caton : « Ils s'estudient principalement à « deux choses : au faict de la guerre et à parler subtilement : *rei militari et argutè* « *loqui*. » Édition de M. Dupin, Videcoq, 1844, p. 15.

(1) *Histoire abrégée de l'Ordre des Avocats*, par M. Antoine-Gaspar BOUCHER-D'ARGIS, écuyer, avocat au Parlement, chap. v. *Origine de la fonction d'Avocat en France*, Durand, 1778, p. 46 et suiv.

§

Les stagiaires trouveront, les règles du Droit romain concernant les avocats, nosa justice naturelle. La profession des Avocats dût s'en ressentir.

---

tamment, dans les textes suivants :

CODE THÉODOSIEN (An 438).

Lib.	II,	tit. 10, —		De postulando.
—	VIII,	— 10, —		De concussione advocatorum.
—	X,	— 1. —		De jure fisci.

PANDECTES DE JUSTINIEN (An 533).

Lib.	I,	tit. 2, l.	2.	De origine juris.
—		— 16, —	9.	De officio proconsulis et legati.
—	II,	— 14, —	53.	De pactis.
—	III,	— 1, —		De postulando.
—	XIX,	— 2, —	38.	Locati conducti.
—	XXVII,	— 9, —	5.	De rebus eorum qui sub tutela vel cura sunt.
—	XXVIII,	— 4, —	3.	De his quæ in testamento delentur.
—	XXXIX,	— 5, —	19.	De donationibus.
—	XLIV,	— 7, —	61.	De obligationibus et actionibus.
—	XLIX,	— 14, —		De jure fisci.
—		— 19, —	9.	De pœnis.
—	L,	— 12, —	7 et 13.	De extraordinariis cognitionibus.

CODE DE JUSTINIEN (An 534).

Lib.	II,	tit. 6, l.		De postulando.
—		— 7, —		De advocatis diversorum judiciorum.
—		— 8, —		De advocatis diversorum judicum.
—		— 9, —		De advocatis fisci.
—		— 10, —		De errore advocatorum.
—		— 11, —		Ut quæ desunt advocatis partium judex suppleat.
—	III,	— 1, —	13.	De judiciis.
—	IV,	— 6, —	4.	De condictione ob causam datorum.
—	VI,	— 48, —		De incertis personis.
—	VIII,	— 36, —	12.	De exceptionibus.

§

Les Romains appelaient l'*Avocat :* Orator, Patronus, Advocatus, Causidicus.

§

Sur le barreau romain, V° M. GRELLET-DUMAZEAU, *le Barreau romain.*

II.

Capitulaires de Charlemagne.

Au VIIIe siècle, **CHARLEMAGNE** monte sur le trône.

Dans ses capitulaires, on rencontre assez fréquemment le mot *Advocatus*.

Fournel, en signalant ce fait, en conclut que ces capitulaires s'occupent, souvent, de nous.

Cette conséquence est-elle justement tirée?

On peut en douter, car il est facile de voir, en lisant ces capitulaires, que le mot *Advocatus* y a une double signification; et que s'il désigne, quelquefois, celui dont la profession spéciale est de plaider les procès, il désigne bien plus souvent le *Voué* ou *Avoué* des églises, chargé d'un ministère plus général, administrateur, défenseur, protecteur; quelquefois chevalier, comte, prince ou roi, connaissant de toutes leurs affaires, les dirigeant au besoin, et donnant à plaider celles qui étaient litigieuses, mais, en général, ne les plaidant pas lui-même (1).

On parle, aussi dans ces *Capitulaires*, des *Causidici*, qui sont, évidemment, des avocats *(diseurs de causes)*; des *Clamatores*, et des *Assertores*, que Ducange donne comme synonymes d'*Advocati*, tout en reconnaissant qu'ils exerçaient, en même temps, d'autres fonctions (2).

---

(1) Voir, sur ce point, ce que LOISEL fait dire à *Pasquier* et à *Pithou*, dans son *Dialogue des Avocats*, page 14.

(2) Voir le *Glossaire de latinité moyenne et basse* de DUCANGE, v°. *Advocatus*.

Les stagiaires en trouveront deux exemplaires à la Bibliothèque :

Le premier est de l'édition donnée par les Bénédictins de Saint-Maur, 1733, six vol. in-fol, sous ce titre :

« Glossarium ad scriptores mediæ et infimæ latinitatis. Auctore Carolo Dufresne, « Domino Ducange, regi a consiliis, et Franciæ apud Ambianos quæstore. Editio « nova locupletior et auctior. Opera et studio monachorum ordinis S. Benedicti è

Quoiqu'il en soit, et sous la réserve de ces observations, voici ce qu'on trouve dans les Capitulaires de Charlemagne, de 793 à 813 (1):

Des *Advocati* sont donnés aux prêtres, aux évêques, aux abbés, aux abbesses.

On les choisit de bonne renommée, connaissant la législation, aimant la justice et la vérité, d'un caractère doux, soumis à Dieu, préparés à toute œuvre juste, observateurs des lois, purs de toute fraude,

---

« congregatione S. Mauri. Parisis. Sub Oliva Caroli Osmont via San. Jacobæa.
« MDCCXXXIII. Cum approbatione et privilegio regis. »

Le deuxième exemplaire est de l'édition de Didot, 1840, sept vol. in-4°.

Ducange (Charles Dufresnes), né à Amiens le 18 décembre 1610, — mort à Paris le 23 octobre 1688.

Amiens lui a élevé une statue.

(1) Les Capitulaires des anciens Rois ont été publiés par BALUZE, en 1677.

Les Stagiaires peuvent consulter à notre Bibliothèque l'édition donnée en 1780 par de Chiniac, deux vol. in-folio, avec ce titre :

« Capitularia Regum Francorum. Additæ sunt *Marculfi* monachi et aliorum for-
« mulæ veteres et notæ doctissimorum virorum. *Stephanus Baluzius*, Tutelensis, in
« unum collegit, ad vetustissimos codices manuscriptos emendavit, notis illustravit,
« magnam partem primum edidit anno MDCLXXVII. Nova editio auctior ac emendatior
« ad fidem autographi Baluzii qui de novo textum purgavit, notasque castigavit et
« adjecit : accessere vita Baluzii partim ab ipso scripta, catalogus operum hujus viri
« clarissimi cum animadversionibus historicis, et index variorum operum ab illo
« illustratorum, quorum plurimorum novas meditabatur editiones. Curante *Petro*
« *de Chiniac*, regi à consiliis, Prosenescallo generali civili Userchæ, è Regia huma-
« niarum Litterarum Academia Montis-Albani. Parisiis. Ex typis *Francisci-Augustini*
« *Quillau*, Typographi serenissimi principis Contii, via vulgo dicta, *du Fouarre*.
« Cum privilegio Regis. M.DCC.LXXX. »

C'est à cette édition que se rapportent les passages cités dans les notes suivantes.

Baluze (Étienne), professeur de droit canon au collége royal, est né à Tulle le 24 décembre 1630, — mort à Paris le 28 juillet 1718.

équitables et humbles envers tous, et possédant un héritage dans le comté.

Les *Advocati* sont élus en présence du comte et du peuple par les *Missi dominici.*

Tombent-ils en faute, la règle disciplinaire les frappe. S'ils persistent, le Préposé ou les *Missi dominici* les remplacent par des hommes sachant et voulant tout à la fois diriger les affaires avec justice et les terminer (1).

---

(1) Ces notions sont extraites, notamment, des Capitulaires suivants :

Capitulare de causis regni Italiæ	ANNO 793	CAP. 3	*De advocatis Sacerdotum* T. I, p. 258.
Capitulare de Villis Karoli magni datum per annos regni illius, id est antequàm fieret imperator.	— 800	— 29	De clamatoribus ex hominibus nostris, etc. T. I, p. 335
Capitula excerpta ex lege Longobardorum.	— 801	— 22	Volumus ut advocati, etc. T. I, p. 332.
Capitulare primum anni DCCCII sive capitula data missis dominicis, anno secundo imperii	— 802	— 13	*De advocatis, vice Dominis et centenariis Episcoporum abbatùm et abbatissarum.* T. I, p. 366.
Capitulare secundum anni DCCCII, sive alia capitula data missis dominicis eodem anno.	— —	— 21	Ut omnes habeant bonos vice dominos et advocatos, etc. T. I, p. 378.
Capitulare tertium anni DCCCIII.	— 803	— 3	*De scabinets, advocatis, notariis à missis Dominicis eligendis.* T. I, p. 392.
Capitulare secundum anni DCCCV, ad omnes generaliter.	— 805	— 12	*De clamatoribus vel causidicis.* T. I, p. 431.
Capitulare tertium anni DCCCV, sive altera editio superioris capitularis	— —	— 10	*De advocatis vice Dominis, vicariis et centenariis.* T. I, p. 426.
Capitulare tertium anni DCCCV, sive, etc .	— —	— 14	*De advocatis et judicibus.* T. I, p. 432.
Capitulare quartum anni DCCCV, sive capitula data Jesse Episcopo Ambianensi, misso dominico.	— —	— 12	De advocatis, id est, ut pravi, etc. T. I, p. 457.
Capitulare primum anni DCCCIX. — Capitula quæ Dominus Imperator Aquis Palatio constituit in anno nono.	— 809	— 22	Ut judices, vice Domini, præpositi, advocati, etc T. I, p. 467.
	— —	— 23	Si vero advocatus sacramentum, etc. T. I, p. 467.
Capitulare secundum anni DCCCIX. — Capitula quæ dominus Karolus constituit .	— —	— 11	*De judicibus, advocatis, præpositis, et reliquis ministris quales sint.* T. I, p. 472.
Capitulare primum anni DCCCX	— 810	— 1	De clamatoribus qui magnum impedimentum faciunt, etc. T. I, p. 474.
Capitulare tertium anni DCCCXI. — De causis propter quas homines exercitalem obeditionem dimittere solent.	— 811	— 1	In primis discordentes sunt et dicunt quod Episcopi, abbates et eorum advocati potestatem non habeant, etc. T. I, p. 485.
Capitulare secundum anni DCCCXIII, sive Capitula viginti de justitiis faciendis, ex lege Salica, Romana et Gundobada . .	— 813	— 14	*De advocatis Episcoporum et abbatum.* T. I, p. 509.

Vous pouvez juger, par cet extrait, combien est petite la part que nous avons dans les capitulaires, — si nous en avons une.

Et si votre opinion n'est pas celle de *Fournel*, elle trouvera probablement un formidable appui dans le capitulaire de 802, par lequel *Charlemagne* défendait la plaidoirie comme profession habituelle (1).

(1) Ut nemo in placito pro alio rationare usum habeat defensionem alterius injuste, sive pro cupiditate aliqua. . . . .

. . . .

Sed unusquisque pro sua causa vel censu, vel debito rationem reddat, nisi aliquis isti infirmus aut rationis nescius, pro quibus missi vel priores qui in ipso placito sunt, vel judex qui causa hujus rationis sciat, rationetur cum placito; vel si necessitas sit, talis personæ largitur qui omnibus provabilis sit et qui in ipsa bene noverit causa. (*Baluze*, T. I, p. 365). — Ce qui a fait dire à M. LAFERRIÈRE : « Les Capitulaires, au surplus, voulaient la comparution personnelle des parties dans les « plaids, et la défense de leurs intérêts par elles-mêmes. Charlemagne le disait « expressément dans le Capitulaire de l'an 802 : — que personne, dans les plaids, « ne pratique l'usage de discuter pour autrui...... mais que chacun rende raison « de sa propre cause, du cens de sa terre et de sa dette personnelle. — Ce n'était « pas la défense du faible ou d'autrui qui était prohibée, mais l'habitude ou la pra- « tique qui pouvait constituer une profession. Charlemagne se défiait des avocats, « défiance partagée dans nos temps modernes par un autre Empereur. » (*Histoire du droit civil de Rome et du droit français*, Joubert, 1848, T. III, p. 424).

III.

Successeurs de Charlemagne.

En 819, LOUIS-LE-DÉBONNAIRE, dans une assemblée générale (*in generali populi conventu*), ajoute quelques Capitulaires à la loi Salique.

On y trouve cette remarquable disposition :

« Si des veuves, des mineurs, des pauvres ont un procès « devant le comte, leur cause passe la première ; et s'ils sont « embarrassés pour leurs preuves, le comte doit les aider et « leur donner un homme habile qui dirige leur procès ou plaide « pour eux (*talem hominem qui rationem eorum teneat vel pro eis* « *loquatur*) (1).

(1) Capitulare primum, anni DCCCXIX, sive Capitula addita ad legem salicam, in generali populi conventu habito apud Aquisgranum, post natale Domini, anno quinto Imperii Ludovici Pii desinente. (cap. III, — *De viduis et pupillis et pauperibus, Baluze*, T. I, p. 599).

§

Nous trouvons quelques dispositions analogues à celle-ci et qui peuvent l'avoir préparée :

1° Dans un Capitulaire de PÉPIN-LE-BREF, de l'année 755 : « ut comites, vel « judices ad eorum placita primò viduarum, orphanorum, vel Ecclesiarum causas « audiant et definiant in eleemosyna Domini Regis, et postea alias causas cum justitia « rationabiliter judicent. » (*Baluze*, T. I, p. 175).

2° Dans un Capitulaire de *Charlemagne*, de l'année 789 : « ut comites pupillorum « et orphanorum causas primùm audiant. » (*Baluze*, T. I, p. 243).

3° Dans un Capitulaire du même prince, de l'année 802, déjà cité par nous à la note précédente, p. 23, relative à la défense personnelle et à ses exceptions (*v. suprà*, p. 25).

C'est, — à mille ans de distance, — la loi sur l'assistance judiciaire du 22 janvier 1851 (1).

---

(1). §

Deux autres Capitulaires de cette époque peuvent être cités sur les *Advocati*.

Le premier établit une *incompatibilité* entre la profession d'*Advocatus* et celle de *centenarius* du comte : « ut nullus Episcopus, nec Abbas, nec Comes, nec Abbatissa « centenarium comitis *advocatum* habeat » (anno 819, cap. XIX, *De Advocatis Episcoporum, Abbatum, Comitum et Abbatissarum* (*Baluze*, T. I, p. 617).

Le second est une *destitution*, et, peut-être, une *radiation*, au cas de *cupidité inique* : « si Advocatus, *in causa suscepta*, iniqua cupiditate fuerit repertus à conventu « honestorum et *à judiciorum communione* separetur et videat ne *judicis et asserto-* « *ris personam accipiat* » (anno........ quid de advocato agendum sit qui in dolo vel fraude repertus fuerit....., *Baluze*, T. I, p. 1059).

D'après *Ducange*, *assertor* répond à *Advocatus*, et à *Causidicus*. V° Assertor.

§

Deux Capitulaires de LOTHAIRE (*Hlotarius*) s'occupent aussi des *Advocati*.

Tous deux sont ajoutés à la loi lombarde, et datent de 824.

L'un est le Capitulaire 25, et l'autre, le Capitulaire 26 des *Capitula Hlotarii imperatoris*. (Titulus IV, *sive Capitula addita ad legem Longobardorum anno* 824, — *Baluze*, T. II, p. 337.)

Le premier accorde deux *advocati* au lieu d'un aux Évêques, Abbés et Abbesses, l'un qui *causam procuret*, l'autre *qui sacramentum deducat*, et les dispense du service de guerre pendant la durée de leur office.

Le second donne des *advocati* à tous les ecclésiatiques et motive cette dation de défenseurs :

« Ut Episcopi universique sacerdotes habeant advocatos, quia Episcopi universi- « que sacerdotes ad solam laudem Dei et bonorum operum actionem constituuntur. » Debet ergò unusquisque eorum tàm ecclesiasticis quàm etiam propriis actionibus » suis, *excepto publico videlicet crimine*, habere advocatum non mala fide suspica- « tum, sed bonæ opinionis et laudabilis artis inventum ; ne dùm humana lucra atten- « dunt, æterna præmia perdant. »

§

Édit contenant des dispositions sur les avocats ; Kiersy, 861.

Tel est le titre que donne *Isambert* (Recueil, T. I, p. 78) à un Édit donné au

C'est ainsi qu'à toutes les époques notre Ordre a été gratuitement consacré à la défense du faible et à la protection de l'indigent.

Kiersy, par Charles-le-Chauve ; mais la lecture de cet Édit, sa traduction par M. André Lefèvre, élève distingué de l'école des Chartes, et les explications qu'il a bien voulu nous donner, établissent, à nos yeux, que cet Édit ne regarde pas l'*Avocat*, mais bien l'*Avoué*, dans ses rapports avec les monnaies, le commerce, les impôts, et les contestations où pouvait être compromise sa responsabilité, relativement aux colons et aux serfs de son *Avouerie* (V. *Baluze*, T. II, p. 151).

IV.

Établissements de Saint-Louis (1).

Bientôt vient une époque de barbarie où l'on ne trouve presque aucune trace des réglements de notre profession ; et nous touchons à

---

(1) Avant d'arriver au règne de Saint-Louis, 1226, nous rencontrons notamment :

1148. — *Concile de Reims*, dont le sixième canon défend aux avocats et autres officiers de prendre des plaideurs plus que ce qui est porté par l'ancienne taxe, sous peine de privation de la sépulture ecclésiastique (*Isambert*, T. I, p. 146, n° 42).

1179. — *Concile de Latran*, défendant aux *avocats-clercs* d'exercer leur profession devant les tribunaux laïcs.

Voici ce que dit FOURNEL, à l'occasion de ce Concile :

« Les avocats *laïcs* allaient plaider dans les juridictions épiscopales concurremment « avec les ecclésiastiques ; mais ceux-ci n'étaient point admis dans les cours « *layes* à titre *d'avocats*.

« Dans les neuvième, dixième et onzième siècles, lorsque les laïcs ne s'étaient « point encore adonnés à l'étude des lois et à l'exercice du Barreau, les ecclésias- « tiques s'étaient emparés de la profession d'avocat, non-seulement pour les affaires « *canoniques*, mais encore pour toute espèce de discussions *civiles*, *féodales*, même « *criminelles* ; et comme ils étaient en petit nombre, sans concurrents, et qu'ils « joignaient l'autorité importante de leur caractère religieux à celle qu'ils tiraient de « leur science et de leur expérience, ils se servaient de ce double moyen pour « se faire une grande fortune.

« On peut voir dans le *Traité de la discipline ecclésiastique* du P. Thomassin « (partie III, liv. IV) le tableau des excès dont les *avocats-clercs* se rendaient coupa- « bles, au point que plusieurs d'entre eux se firent excommunier : *Multos habuit* « *advocatos ecclesiæ excommunicatos* (concile de Mayence tenu en 813).

« Ces gains exorbitants furent une des causes, dit l'abbé Fleury, qui ont attiré « aux ecclésiastiques tant de biens et d'honneurs profanes » (voir le 6me *Discours de Fleury*, *Histoire ecclésiastique*, et *la Bibliothèque canonique* (T. I, p. 43).

« Ce scandale fut enfin réprimé par le concile de Latran, tenu en 1179, sous « Alexandre III, qui interdit aux ecclésiastiques toutes fonctions judiciaires dans « les tribunaux laïcs : (Clerici in subdia-conatis et supra, et in ordinibus quoque

SAINT LOUIS qui promulgue, en 1270, ses *Établissements*, dont le 14ᵉ chapitre du livre II est intitulé : *Comment avocas se doit contenir en cause.*

« minoribus, coram seculari judice advocati in negociis sæcularibus fieri non « præsumant). » (T. I, p. 81).

1180.—*Concile de Tours,* défendant aux *religieux profès* de quitter leurs cloîtres pour étudier la loi mondaine (la loi romaine).

1195. — *Lettres de Philippe-Auguste, par lesquelles il confirme les coutumes dont les bourgeois de Saint-Quentin jouissaient du temps de leurs comtes:* — à Compiègne. Elles rendent le ministère d'un avocat obligatoire dans les causes qui intéressent un des membres *de la commune* habitant la ville, et ce, tant en défendant qu'en demandant. De plus, cet avocat doit être *de la commune.* (Ordonnances des rois de France, 3ᵉ race. T. XI, p. 270).

1225. — *Décrétale* d'HONORIUS III, défendant à tout ecclésiastique *d'étudier et d'enseigner* la loi romaine.

La plupart des avocats appartenaient à l'ordre ecclésiastique, avant les défenses des conciles et du Pape.

1250. — *Assises de Jérusalem.*

C'est une compilation des lois, usages et coutumes de France, adoptés pour le royaume de Jérusalem, par Godefroy de Bouillon, en 1185.

Son auteur est JEAN D'IBLIN, comte de Japha et d'Ascalon. — Mort en 1266.

Il y a plusieurs éditions de cet ouvrage dont on peut voir les titres dans Brunet.

Les stagiaires peuvent consulter, à notre Bibliothèque, l'édition donnée par M. Beugnot, en 1841, 2 vol. in fol.

Dans le premier volume : *Assises de la Haute-Cour,* on trouve un chapitre x intitulé : *De quel manière doit estre le plaideor,* — c'est-à-dire l'*avocat.*

Entre autres règles, on y trouve celle-ci : « Le *plaideor* doit estre loial et estable ; « que il doit bien et leaument conseillier toz ciaus et totes celes à qui conseill il « est doné et plaideer por eaus leaument le miaus qu'il saura contre totes genz, ne « mais que contre soi ; ni ne doit laissier, por amor que il ait à celui contre qui il « plaidée, ne por haine qu'il ait à celui à qui conseill il est doné, ne por doute, ne « por paor qu'il ait d'avoir honte ne domage, ne maugré, ne por don, ne promece

L'*Avocat*, qui, à cette époque, porte, aussi, le nom de *Parlier*, *Emparlier*, *Amparlier*, *Avantparlier*, *Plaidoux*, *Plaideor*, *Plaideur*, *Conteur* (1), doit, suivant les *Établissements*, s'attacher, d'abord, à la

---

« que l'on li face, que il bien et leaument ne conseille celui ou celle à cui conseill « le seignor la doné ; que se il le faisait autrement, il serait que desloiau. » (Édit. Beugnot, T. I)

1253. — *Le Conseil que Pierre de Fontaines donna à son amy*, ou *Traité de l'ancienne jurisprudence des François.*

PIERRE DE FONTAINES, bailli de Vermandois et maître au Parlement, né en....., — mort avant 1300.

Le chapitre XI de son livre est intitulé : *Chi parole des Amparliers, et des mesdis as Amparliers.*

On y trouve différentes règles sur le serment des avocats, la modération, la brièveté, etc., etc.

Ducange a publié *le Conseil de Pierre de Fontaines* à la suite de son édition de Joinville (1688).

Les stagiaires pourront consulter à notre Bibliothèque tant cette édition que celle donnée par M. Marnier, bibliothécaire de l'Ordre (1846).

1255. — Nomination d'*office* d'un *procureur* et d'un *avocat*, par Saint Louis, au profit d'un gentilhomme qui, plaidant contre le duc d'Anjou, frère du roi, n'avait pu trouver de défenseurs. Le saint roi, en les nommant, leur fait prêter serment de remplir avec courage et fidélité la mission qu'il leur conférait ; — et ils gagnèrent le procès.

(*Velly*, Histoire de France, T. V, p. 158).

(1) Voir :

LOISEL, p. 15.

Les *Assises de Jérusalem*, T. I, chap. X.

PIERRE DE FONTAINES, chap. II.

Antérieurement à cette époque, suivant *Ducange*, les avocats s'appelaient aussi : *advocati*, *clamatores*, *legis doctores*, *legum magistri*, *domini legum*, *milites legum*, *milites legales*. V. *Ducange*, v° Advocatus.

loyauté de la cause et à la loyauté des moyens : sa parole est considérée comme celle de son client, lorsque, parlant en présence de celui-ci, il n'est pas contredit ; point d'injures, point de saletés, ni dans les mots, ni dans les gestes ; point de marché avec son client, pendant le procès.

Enfin, les *Établissements* lui dictent le langage qu'il doit tenir, lorsque, présentant des exceptions, il veut réserver le fonds (1).

Ce chapitre est emprunté tout entier au droit romain, devenu, à ce moment, le complément de la législation et de la pratique française ; et il le cite à chaque ligne.

---

(1) Les établissements de Saint-Louis sont intitulés : *Establissements selon l'usage de Paris et d'Orléans et de Court de Baronie.*

Ils font partie du recueil des ordonnances des Rois de France de la 3me race. Le chap. XIV est au tome I, p. 261. Ce recueil, qui a aujourd'hui 21 volumes in-folio, a été commencé en 1723 par *de Laurière*, avocat au Parlement, et continué, jusqu'en 1849, par *Secousse*, avocat au Parlement ; de *Villevault*, maître des Requêtes au Conseil du Roi ; *de Bréquigny*, *de Pastoret* et *Pardessus*, membres de l'Académie des Inscriptions et Belles-Lettres.

Le tome Ier est intitulé : Ordonnances des Rois de France de la 3me race, recueillies par ordre chronologique avec renvois des unes aux autres, des sommaires, des observations sur le texte, et cinq tables, etc.

Cette collection porte aussi le nom d'ORDONNANCES DU LOUVRE.

Les stagiaires trouveront un exemplaire de ce recueil à la Bibliothèque.

Ils trouveront aussi les Établissements de Saint-Louis dans le *Recueil d'Isambert*, T. II, p. 1.

Ce Recueil, qui compte 29 volumes in-8°, est dû à la collaboration de MM. *Isambert, Decrusy, Jourdan, Armet* et *Taillandier*, — commencé en 1822, il a été terminé en 1833.

ISAMBERT, qui a donné son nom à ce Recueil, avocat, puis conseiller à la Cour de Cassation, né à Aunay (Eure-et-Loir), le 30 novembre 1792, — mort à Paris, le 13 avril 1857.

V.

Ordonnance du 23 octobre 1274 (1).

Le Droit romain prescrivait pour chaque cause plaidée un serment qu'on appelait *juramentum calumniæ* (2).

En 1274, Philippe-le-Hardy lui emprunte ce serment : seulement, il l'étend de la Plaidoirie au Conseil, le place à l'entrée de la profession et en exige le renouvellement annuel.

---

(1) Entre 1270 et le 23 octobre 1274, on trouve, notamment :

7 mai 1274. — *Concile de Lyon* qui fixe à 20 livres tournois les honoraires des avocats de France et leur ordonne de renouveler chaque année le serment qu'ils ne recevront rien au-delà — (*Isambert*, T. II, p. 651, n° 244).

C'est pour empêcher cet empiétement de l'autorité spirituelle, sur une matière hors de sa compétence, que Philippe III rendit l'ordonnance de 1274.

(2) Les avocats romains ne prêtaient pas serment lors de leur réception, bien qu'elle fut solennelle.

Voici, sur la formule du serment ordonné pour chaque cause, sur la place qu'il occupait, et les conséquences que pouvait avoir le refus de le prêter, ce que disait la loi 14, § 1, C., Liv. III, T. I, *de judiciis:*

« Patroni autem causarum, qui utrique parti suum præstantes auxilium ingrediun-« tur, cum lis fuerit contestata, post narrationem propositam, et contradictionem « objectam, in qualicumque judicio, majore vel minore, vel apud arbitros, sive ex « compromisso, sive aliter datos, vel electos, sacrosanctis Evangeliis tactis, jura-« mentum præstent, *quod omni quidem virtute sua omnique ope, quod verum et « justum existimaverint, clientibus suis inferre procurabunt : nihil studii relinquentes, « quod sibi possibile est : non autem credita sibi causa cognita, quod improba sit, vel « penitùs desperata, et ex mendacibus allegationibus composita, ipsi scientes, pruden-« tesque mala conscientia liti patrocinabuntur : sed et si, certamine procedente, aliquid « tale sibi cognitum fuerit, à causâ recedent, ab hujus modi communione sese penitùs « separantes.* Hocque subsecuto, nulla licentia concedatur, spreto litigatori ad alte-« rius advocati patrocinium convolare, ne, melioribus contemptis, improba advoca-« tio subrogetur. »

V

Prêté sur les Évangiles, ce serment confirmait l'engagement de traiter toutes les affaires avec soin, diligence et fidélité ; de ne les accepter qu'autant qu'elles paraîtraient justes, et de s'en abstenir dès qu'on s'apercevrait qu'elles cachent l'injustice.

L'ordonnance puisa également dans le Droit romain la fixation des honoraires, qu'elle règle sur la double base de l'importance du procès et de l'habileté de l'avocat, en en fixant le maximum à 30 livres tournois, ce qui correspond à 674 fr. 40 c. de notre monnaie (1).

---

(1) *Ordonnances touchant les fonctions et les honoraires des Avocats, à Paris, le mardi avant la Saint-Simon, Saint-Jude*, le 23 octobre 1274.

« Ordinavimus et statuimus ut omnes et singuli, tam in vestra quam Baillivorum « et aliorum predictorum nostrorum officialium seu judicum curiis, advocationis « officium exercentes, prestent super sacrosanctis Evangiliis juramentum, quod in « omnibus causis in dictis curiis pertractendis, officium quod in eis assumpserint vel « assument, bonâ fide diligenter ac fideliter exercebunt, quamdiù eas crediderint « esse justas. In nulla causa in dictis curiis patrocinium seu consilium nisi eam esse « justam crediderint, impensuri, quod que in quacumque parte judicii eis innotuerit « injustam, seu improbam fore causam, amplius non patrocinabuntur eidem, sed a « patrocinio et consilio dictæ causæ penitùs abstinebunt. — Advocati autem qui « juxta eam formam jurare noluerint, hujus modi voluntate durante, advocationis « officium in dictis curiis sibi noverint interdictum.

» Circa advocatorum vero *salaria* duximus statuendum quod pro modo litis et « advocatorum peritià competens *salarium* recipiatur, ita tamen quod pro quacumque causâ movendâ de cetero coram nobis, seu coram vobis, seu coram nostris « justiciariis ante dictis pro totâ causâ summam *triginta librarum turonensium* unius « advocati salarium non excedat.

« Jurabunt etiam advocati quod nec pensionis servitii, muneris, aut gratiæ « cujuscumque nomine, vel pretextu per se vel per alium quacumque arte, vel « ingenio quocumque colore excogitato, seu excogitando sine fraude aliquâ, nihil « ultra summam recipiet pretaxatam. Si quis vero ordinationes et statuta hujus « modi, nec non et juramentum prestitum violare presumpserit, postquam constiterit ita esse in predictis curiis, is nota perjurii et infamiæ, nulla alia expectata « sententia, ab advocationis officio perpetuo sit exclusus alias nihilominus prout

Le Droit romain nous servait ainsi de règle jusque dans les détails de notre profession.

« nobis seu aliis nostris judicibus in quorum curiis deliquerit videbitur pu-
« niendus. »

« Ordinavimus etiam juramentum predictum ab advocatis quomodo libet annis
» singulis innovari. Et hanc ordinationem nostram per Ballivos, Senescallos et alios
« justiciarios nostros ter in anno in suis assisiis precipimus publicari. »

Ord. du Louvre, T. I, p. 300.
Isambert, T. II, p. 652, n° 247.

VI.

Ordonnance du 7 janvier 1277.

Malgré ses emprunts au Droit romain, Philippe-le-Hardy défendit, par *Ordonnance du 7 janvier* 1277, d'alléguer *Droict escrit là où coustumes ont lieu* (1).

---

(1) *Ordonnance concernant l'instruction des procès, au Parlement à Paris, le lendemain de l'Épiphanie*, 7 *janvier* 1277.

9°. « Li advocats ne soient si hardis d'eus mesler d'aleguer droict escrit, là où « coustumes aient leu ; mais usent de coustumes. »

L'ordonnance protége le juge contre les redites des avocats chargés ensemble d'une même défense, comme il protége l'avocat contre les interruptions intempestives du tribunal :

11°. « Nuls advocats n'ose recorder ou recommencier ce que son compaignon, à « qui il aidera, aura dict ; mais il puet bien aucune chose adjouster de nouvel, s'il y « avait à adjouster.

14°. « Nules du conseil n'ose contredire ou contrealer aux parties plaidans, mais « chacun des plaidans, paisiblement escoute, se n'est par avanture que à aucune chose « de cleirier, soit necessaire aucune demande. »

Ord. du Louvre, T. XI, p. 354.
Isambert, T. II, p. 661. n° 256.

VII.

Ordonnance de 1291 (1).

Dix-sept ans après, par son ordonnance de 1291, Philippe-le-Bel nous défend de solliciter des délais frustratoires; de refuser des remises fondées; d'alléguer un fait faux, le sachant tel; de dénaturer les réglements et les coutumes par fausse interprétation ou citation infidèle. Il nous prescrit pour nos discours, brièveté et simplicité; et, pour les audiences, l'exactitude (2).

---

(1) Dans l'intervalle qui sépare 1277 de 1291, on trouve, notamment :

1283. — *Li livres des coustumes et des usages de Biauvoisins, selon ce qu'il courai ou tans que cist livres fu fez, c'est assavoir en l'an de l'incarnation nostre Seigneur* 1283, *par messire* PHILIPPE DE BEAUMANOIR.

Le chapitre v est intitulé : « Chi commenche li vme capitres qui parole des advocas, comment il doivent estre receus, et comment il se doivent maintenir en lor « office, et li quel poent est debouté. »

Toutes les règles données par Beaumanoir, recueillies par la tradition et sanctionnées par les lois et ordonnances qui ont suivi, vivent encore aujourd'hui.

Philippe de Beaumanoir est né dans les premières années du règne de Saint-Louis, — et est mort avant 1296.

Les stagiaires trouveront à notre Bibliothèque l'édition donnée par la Thaumassière, in-fol., 1690, et celle publiée par M. Beugnot, 2 vol. in-8°, Paris, 1842.

(2) *Ordonnance touchant le Parlement.* — *Au Parlement tenu dans les trois semaines après la Toussaint, en* 1291.

Ord. du Louvre, T. I, p. 320.
Isambert, T. II, p. 686, n° 293.

SECTION II

Du XIV au XVe siècle.

I.

Les ordonnances dont je viens de vous parler ne renferment que des règles morales et professionnelles; mais, au XIVe siècle, nous trouvons la preuve d'une organisation réglementée, car on nous appelle, alors, *Ordre des Avocats*, désignation empruntée à une constitution de l'empereur Justin (1).

L'esprit organisateur de cette époque est connu.

Personne n'ignore quel mouvement remarquable se manifesta vers la fin du XIIIe siècle, dans les classes travailleuses, et avec quelle ardeur, se formant de toutes parts en confréries, elles acceptèrent ces réglements dont Étienne Boyleaux fut le créateur et dont on ne voyait, alors, que les côtés utiles (2).

---

(1) V. l. 7, § 3, C. Lib. II, T. VIII, *De Advocatis diversorum judicum*.

Sur l'organisation du Barreau romain, V. M. GRELLET-DUMAZEAU, *le Barreau romain*, p. 53.

(2) C'est à *Étienne Boyleaux* (*Boileaue, Boylesve*), prévôt de Paris sous Louis IX, qu'on doit les premiers réglements des marchands et artisans en différents corps et communautés, sous le titre de *Confréries*. Les statuts et réglements qu'il leur donna sont imprimés sous le nom de *Livre des Métiers* (1 vol. in-8°, Paris, 1837), avec une préface de Depping.

Boyleaux est né à Angers en ...., — mort, à Paris, en 1269.

La façade de l'Hôtel de Ville de Paris a reçu sa statue.

L'utilité de ces réglements peut être admise pour le temps où ils ont été faits. Mais pour connaître les abus qui en sont sortis, il est nécessaire de lire le préambule mis par Turgot en tête de l'édit de février 1776.

Les stagiaires en trouveront les parties utiles dans l'ouvrage de M. LAFERRIÈRE : *Histoire des principes, des institutions et des lois, pendant la Révolution française, depuis 1789 jusqu'en 1804*. 2e édit. Paris, Cotillon, 1852.

On sait, également, que le 25 mars 1302, Philippe-le-Bel rendit le Parlement sédentaire (1).

Il est donc naturel de croire que ce fut une occasion de former ou de compléter l'organisation du Barreau qui suivait, auparavant, le Parlement dans ses pérégrinations, et qui, à ce moment, devenait sédentaire avec lui.

Les avocats, cependant, ne formèrent pas une corporation semblable à celles des corps et métiers. A aucune époque, nous n'avons formé une corporation. Nous n'avons jamais été que les membres d'une société libre et volontaire ; et Boucher-d'Argis fait cette remarque qu'on dit l'*Ordre des Avocats*, comme on dit l'Ordre de la noblesse, l'Ordre du tiers état (2).

Aussi, ne trouve-t-on pas, pour nous, de lettres-patentes, comme

---

(1) *Ordonnance pour le bien, l'utilité et la réformation du Royaume ; Philippe IV, dit le Bel, à Paris, le lundy après la Mi-Caresme*, 23 *mars* 1302.

L'article 62 s'explique ainsi : « Præterea propter commodum subjectorum nostro- « rum et expeditionem causarum, proponimus ordinare quod *duo Parlamenta Pari-* « *siis*, et duo scacaria Rothomagi, et dies trecenses bis tenebuntur in anno. »

L'article 22 porte que les sénéchaux et autres officiers de justice exerceront leur office en personne, et que, dans le cas où ils seraient obligés de s'absenter, ils ne pourront se faire substituer que par des personnes du pays qui ne seront pas avocats ou surchargés d'affaires.

Ord. du Louvre, T. I, p. 354.
Isambert, T. II, p. 759, n° 371.

(2) *Histoire abrégée de l'Ordre des Avocats*, 1778, p. 6.

MM. CAMUS et BAYARD ont aussi très-bien dit :

« Les avocats exerçant leur profession au Parlement de Paris, pris collective- « ment, se nomment l'*Ordre des Avocats*. Ils ne forment ni corps, ni communauté, « n'ayant ni statuts communs, ni possessions ou charges communes. C'est une société « de personnes libres qui n'ont de rapport entre elles qu'à raison de ce qu'elles « exercent des fonctions qui les rapprochent les unes des autres ; et à raison de ce « qu'étant libres dans l'exercice de leurs fonctions, il est naturel qu'elles ne les

on en trouve, pour les procureurs au Châtelet, en février 1327 et, pour les procureurs au Parlement, en 1342 (1).

« exercent qu'avec les personnes qu'elles agréent, ou qu'elles cessent de les exercer « avec des personnes qu'elles ont des motifs pour ne plus agréer. »

Collection des décisions nouvelles et de notions relatives à la jurisprudence, donnée par Me Denisart, mise dans un nouvel ordre, corrigée et augmentée par MM. Camus, Bayard et Meunier, avocats au Parlement (1783).

(1) *Lettres par lesquelles le Roy confirme la confrairie des Procureurs du Parlement à Paris, au mois d'avril* 1342.

Ord. du Louvre, T. II, p. 176.

Isambert, T. IV, p. 470, n° 111.

Au XIIIe siècle, le Roi, les ecclésiastiques, les femmes et les mineurs pouvaient seuls se faire représenter, de plein droit, par procureur. Tout autre plaideur devait, pour jouir de ce droit, obtenir des *lettres de grâce à plaidoyer*, lettres spéciales à une affaire et n'ayant que la durée du Parlement temporaire pour lequel on les dressait. Les écrivains du Palais se chargeaient, ordinairement, d'obtenir ces lettres et les remplissaient de leur nom, d'où leur vient celui d'*Écrivains-Procureurs*.

Quand le Parlement devint sédentaire, la plupart des procurations se fixèrent en leurs mains.

Le 17 juin 1341, ils dressèrent devant notaires l'acte constitutif de leur confrérie. Ils y prennent le nom de *compagnons-clercs et autres procureurs et écrivains fréquentant le Palais et la court du Roy*, se placent sous l'invocation de N.-S. Jésus-Christ, de la Vierge, de saint Nicolas, sainte Catherine et de tous les saints; au mois d'avril 1342, les lettres-patentes ci-dessus confirment leur association sous le titre de *Procureurs du Parlement ;* on les appela, plus tard, *Procureurs-Généraux*, comme se chargeant, en général, de toutes les procurations relatives aux affaires litigieuses, par opposition à ceux qui ne se chargeaient que de procurations particulières.

C'est le titre que leur donnent le Réglement du Parlement de 1345, et l'ordonnance du 16 juillet 1378, *procuratores generales in Parlamento*. (*Ord. du Louvre*. T. II, p. 226, et T. VI, p. 332).

II.

Formulaire de 1306 sur les gages de bataille (1).

Nous trouvons encore, dans ce XIVe siècle, des réglements sur le duel judiciaire, et il faut citer, parmi eux, l'*Ordonnance de* 1306 *sur les gages de bataille*, parce qu'elle était accompagnée d'un *formulaire* servant de guide à l'avocat dans les défis à faire ou à relever, afin qu'il n'engageât pas sa personne, au lieu de celle de son client,

(1) Entre 1291 et 1306, on trouve, notamment :

1299. — *Mandement adressé aux Baillis de Tourraine et du Maine, par lequel le Roy leur défend de vexer par leurs saisies les personnes ecclésiastiques.* (*Philippe IV, surnommé le Bel, à Angleur, le jeudy après Pâques, le* 23 *avril* 1299).

L'art. 4 interdit aux excommuniés de patrociner. (*Ord. du Louvre*, T. Ier, p. 331. — *Isambert*, T. II, p. 719, n° 337).

23 mars 1302. — *Ordonnance qui rend le Parlement sédentaire*, citée plus haut, p. 39.

1303. — *Ordonnance du Roy Philippe-le-Bel pour la recherche des malversations des officiers royaux* (*le lundy après la huitaine de Pasques* 1303).

« Nous vous mandons que vous ne souffrez à nus de noz officiers dessus diz que ils « aient advocat, ne conseil à respondre pour eux, ès cas dessus diz, fors de nier ou « de connaistre la vérité, ne en nul autre cas, qui touche leur fait. (*Ord. du Louvre*, T. Ier, p. 344, aux observations. — *Isambert*, T. II, p. 796, n° 383).

1304 ou **1305.** — *Ordonnance de Philippe-le-Bel qui constitue le personnel du Parlement et fixe l'ouverture de la première session à l'octave de Pasques, et celle de la seconde à l'octave de la Toussaint.*

Cette ordonnance est transcrite, sans titre, dans *Pasquier* (*Recherches*, Liv. II, chap. III, p. 51), et dans une Observation de Laurière (Ord. du Louvre, T. Ier, p. 347). *Isambert* la rapporte aussi (T. II, p. 827, n° 410), sous le titre suivant : *Réglement pour l'exécution de l'article* 62 *de l'Édit de* 1302 *fait pour le bien du Royaume.* Si on adopte ce titre, on tranche en faveur de Laurière la question exa-

comme il arriva à notre confrère Hugues de Fabrefort, plaidant pour Montaigu contre Aymerie de Durfort (1).

minée successivement par *Pasquier* et par lui; le premier soutenant que cette ordonnance est celle qui a rendu le Parlement sédentaire; le second n'y voyant, au contraire, que l'exécution de l'ordonnance de 1302.

(1) *Ordonnance touchant les duels et les gages de bataille* (*Philippe IV, dit le Bel, à Paris, le mercredy après la Trinité*, 1306).

Ord. du Louvre, T. I, p. 435.
Isambert, T. II, p. 831, n° 417.

§

Sur cette matière, les stagiaires peuvent consulter, notamment :

GUILLAUME DU BREUIL, *Stylus curiæ Parlamenti*; — OEuvres de *Dumoulin*, T. II, p. 424.

ESTIENNE PASQUIER, *Recherches de la France*, Liv. IV, chap. I. T. I, p. 365, (Amsterdam, 1723).

M. CAUCHY, *du Duel considéré dans ses origines et dans l'état actuel des mœurs* (2 vol. in-8°, Paris, 1846, Hingray).

§

Quant à l'aventure de Hugues de Fabrefort, elle est racontée par GUILLAUME DU BREUIL et par LOISEL.

Voici ce qu'en dit *Guillaume du Breuil*:

§ 9. — « Item debet præcavere ut faciat mentionem de Advocato, quia si non « faceret, per se ipsum oporteret quòd duellaret, ita fuit objectum Magistro Hugoni « Fabre fortis, in causa duelli quam proposuit pro Armando de Monte-Acuto contra « Aymericum de Duro forti. »

Caput XVI, de Duello.

Quant à *Loisel*, V. au Dialogue des Avocats, p. 39, édit. Dupin, 1844.

III.

Ordonnances du 17 novembre 1318 et de décembre 1320 (1).

Le 17 novembre 1318, une ordonnance de Philippe-le-Long punit d'amende l'avocat qui, par absence ou retard, empêcherait l'expédition d'une affaire, et défendit aux magistrats de boire et de manger non-seulement avec les parties, mais encore avec les avocats, « car « on dit pieçà que trop grande familiarité engendre grand mal. » (2)

---

(1) Entre 1306 et 1318, on trouve, notamment :

19 mars 1314. — *Lettres par lesquelles le Roy confirme les privilèges des peuples de Normandie* (*Louis X, surnommé le Hutin, à Vincennes, le* 19 *mars* 1314).
Elle fixe à 30 livres le maximum des honoraires des avocats. — (*Ord. du Louvre*, T. I, p. 551).

Juillet 1315. — *Lettres par lesquelles le Roy approuve les privilèges des habitants de Normandie* (*Louis X, dit le Hutin, à Vincennes, avant le* 22 *juillet* 1315).
Disposition identique. — (*Ord. du Louvre*, T. I, p. 587. — *Isambert*, T. III, p. 105, n° 497).

(2) *Ordonnance touchant le Parlement* (*Philippe V, dit le Long, à Bourges, le* 17 *novembre* 1318).
Ord. du Louvre, T. I, p. 673.
Isambert, T. III, p. 190, n° 556.

Entre cette ordonnance et la suivante, nous trouvons un *projet de règlement sur le Châtelet* qui renferme une fixation d'honoraires pour les Avocats et les Procureurs. On y lit : 8° — « Pour ce que li avocat et procureur mengent tout le pays, par « les grans salaires qu'ils prennent, que nuls advocats en Chastellet ne puit prendre « le jour, que cinq sols tournois de la querelle de trente livres tournois, et du « mains mains à la value, et de toute la querelle dix livres tournois, et du mains « aussi mains. Si y serait bon mettre attempérance en la manière dessus ditte, et « aussi que nul procureur ne puist prendre que douze deniers par jour, pour chas- « cune querelle, ou vingt sols à l'année, ou soixante souls pour toute la cause, mon-

Le même prince, en décembre 1320, régla les audiences, et voulut qu'une cause commencée ne fut pas interrompue jusqu'à ce qu'elle fût finie, aucun juge ne pouvant se lever pendant la plaidoirie (1).

« tant à trente livres tournois, et du mains mains à la value. » — (*Ord. du Louvre*, T. I, p. 741. — *Isambert*, T. III, p. 245, n° 578).

(1) *Ordonnance touchant le Parlement, (Philippe V, dit le Long, au mois de décembre* 1320).

On trouve dans cette ordonnance une disposition relative à l'obligation où sont quelquefois les avocats de plaider à nouveau leur affaire devant la chambre du conseil :

« Item que l'en fera le jeudy aux arrez, et jugera l'en les causes qui auront esté « pledoiées. Et au conseiller et juger les dittes causes en fera vuidier de chambre « de nottaires, et de touttes autres gent, et ni demeureront fors tant seulement ceux « qui sont ordenez pour tenir le Parlement. Et se le jeudy ne souffisait pour tout ce « faire, l'en i serait le vendredi après en suivant, et encore le samedi se mestier est, « jusques à tant que toutes les causes plaidoiées fussent conseillées et jugées, se n'es- « tait aucune cause especial qui fut réservée pour avoir greigneur conseil, quar « il est advenu aucune fois que par la longue demeure de conseiller les arrez, l'en « a oublié les plaidoiez, et les resons qui avaient esté pledoiées, dont l'en a moins « souffisamment jugié, dont il n'est advenu aucunes foiz, qu'il convenait rappeler les « avocaz quand l'on jugeait les arrez, pour recorder leurs plaidoiers que l'en avait « oubliés. »

Ord. du Louvre, T. I, p. 727.
Isambert, T III, p. 254, n° 581.

IV.

Ordonnance du 13 février 1327.

Le Châtelet avait son Barreau particulier, inscrit sur un rôle distinct de celui des avocats du Parlement (1).

Ce Barreau reçut son code des mains de Philippe de Valois le 13 février 1327.

L'Ordonnance défend à quiconque de plaider « s'il n'est advocat,

---

(1) « Il est cependant certain qu'outre les avocats au Parlement, il y avait aussi, « dès lors (1270), des avocats attachés au Châtelet de Paris, et dans les Baillages et « autres Justices Royales des provinces ; et que les avocats au Parlement étaient dis- « tingués de ceux qui s'attachaient aux autres tribunaux inférieurs.

« C'est ce qui paraît par une ordonnance de Philippe III, du 23 octobre 1274...

« ....

« Une ordonnance de Charles-le Bel, du 23 mai 1325, fait mention des avocats au « Châtelet.

« Une autre ordonnance, de Philippe de Valois, du mois de février 1327, donne « à ces avocats du Châtelet la qualité d'*avocats-commis,* apparemment parce qu'ils « étaient reçus d'abord au Parlement, qui les avait ensuite commis pour plaider au « Châtelet. Cette ordonnance fait mention que ces avocats au Châtelet y prêtaient « serment et y étaient inscrits dans un rôle particulier. »

BOUCHER-D'ARGIS, *Histoire abrégée de l'Ordre des Avocats*, p. 63 (1778).

Nous venons de voir dans *Boucher-d'Argis* la citation d'une ordonnance du 23 mai 1325 relative aux avocats du Châtelet ; mais il est probable que cette citation de *Boucher-d'Argis* est une erreur, et qu'à cette époque il s'agissait seulement de la nomination des commissaires qui préparèrent l'ordonnance de 1327, c'est, du moins, ce qui paraît résulter de l'observation suivante de *Laurière :*

« En 1325, le 23 may, le Roy commist quelques personnes pour travailler à la « réformation du Chastelet. — Les lettres en sont rapportées par Joly aux additions « à Girard, T II, p. 1413. — Mais comme ce que Charles avait projeté ne fut exé- « cuté que sous Philippe de Valois, on renvoye le lecteur au règne suivant sous le « mois de février 1327. » (Observations à la fin du T. Ier des Ord. du Louvre, p. 812).

« si ce n'est pour sa cause propre ; » et il n'admet l'advocat lui-même à la Plaidoirie « que s'il est juré suffisamment et son nom inscrit au « roolle. »

On ne peut être « advocat ne procureur ensemble. »

Au plus excellent et au plus occupé on n'accorde « le droit de « plaider que trois querelles » au plus.

L'avocat parjure est « privé du Châtelet à toujours et de tous « offices royaux. »

On dressait alors des Mémoriaux ou accords de faits, les avocats jurant de ne pas contredire « les Mémoriaux que plaidoyé auront » et s'ils venaient à les contredire, le Prévost les frappait d'amende.

Enfin, ceux d'entre vous qui n'ont pas la bonne habitude de se lever matin n'auraient pu remplir leur office ; car l'ordonnance exige que « les avocats viennent au Châtelet après le soleil levent, « tantost l'espace qu'ils puissent avoir ouy une messe courte (1). »

---

(1) *Lettres par lesquelles le Roy confirme un réglement fait par des commissaires que le feu Roy Charles-le-Bel avait nommez pour travailler à la réformation des abus qui se commettaient au Chastelet de Paris* (*au mois de février* 1327, *Philippe de Valois, Régent*).

Ord. du Louvre, T. II, p. 2.
Isambert, T. III, p. 337, n° 647.

V.

Arrêt de réglement de 1344 (1).

Nous voici arrivés à l'un des documents les plus intéressants de notre histoire, surtout pour vous, le *Réglement de* 1344; car c'est celui qui a créé le Stage.

---

(1) Dans l'intervalle entre 1327 et 1344, on trouve, notamment :

1330. — *Stylus curiæ Parlamenti, auctore Guillelmo DE BROGLIO, in supremâ parisiensi curiâ advocato.*

Il s'y trouve un chapitre, le second, *de modo, gestu et habitu quem debet habere advocatus curiæ Parlamenti.*

Voir une partie de ce chapitre et ce que j'ai dit de *Du Breuil* dans mon Discours du 28 novembre 1857 (*la Plaidoirie*).

Les stagiaires trouveront *le Style du Parlement* à la Bibliothèque, au T. II des OEuvres de Dumoulin, p. 402.

Mars 1336. — *Ordonnance faite en conséquence de l'assemblée des trois États du Royaume de France de la langue d'oïl, contenant plusieurs réglements sur différentes matières (Charles fils ainé, et lieutenant du roi Jean Ier, et, selon d'autres, Jean II, à Paris, au mois de mars* 1336).

L'article 26 défend aux sénéchaux et autres officiers exerçant juridiction, « qu'ils « ne facent leurs lieutenans de Advocas, de Procureurs, ou conseillers communs ou « publics de leurs cours ou d'aucuns autres seigneurs. » — (*Ord. du Louvre*, T. III, p. 121).

Novembre 1340. — *Ordonnance qui confirme la viguerie de Beziers dans son ancien ressort, et qui contient plusieurs réglements qui doivent être observés dans cette viguerie (Philippe de Valois, à Paris, en novembre* 1340).

Elle a été confirmée par « Charles fils ainé, et lieutenant de Jean Ier, et, selon « d'autres, Jean II, à Paris, au mois de juin 1357. »

On y trouve une disposition sur les impôts relative aux avocats. — (*Ord. du Louvre*, T. III, p. 168).

11 mars 1344. — *Ordonnance touchant le Parlement (Philippe VI, dit de Valois, au Val Nostre-Dame, le 11me jour de mars* 1344).

Cette ordonnance réorganise le Parlement et donne les règles les plus minutieuses pour la tenue des audiences, les délibérés, la rédaction des arrêts, etc. Elle défend aussi aux membres de la cour d'interrompre les avocats plaidants. — (*Ord. du Louvre*, T. II, p. 219. — *Isambert*, T. IV, p. 498, n° 127).

1°

Cet arrêt divise les avocats en trois catégories :

1° Les *Conseillers (consiliarii)*, — titre qui se réfère non-seulement aux conseils qu'ils donnaient aux plaideurs, mais, encore, et spécialement, à l'honneur que la Cour leur faisait en leur demandant leur avis et en les faisant asseoir sur ses propres siéges.

Aussi, le Réglement les distingue des avocats proprement dits : en parlant d'eux, il porte : *Consiliarii;* et, en parlant des autres, *Advocati;* — *consiliarii et advocati.*

Ils ont pris, par la suite, le nom de *consultants.*

2° Les *Proposants (advocati proponentes)*, — parce qu'ils posent et développent les propositions qui constituent les procès.

Ce sont les *avocats plaidants.*

3° Enfin, les *Nouveaux*, les *Écoutants (novi, audientes).*

Ce sont les Stagiaires, c'est vous-mêmes, soumis aujourd'hui encore, à la loi de 1344, qui consiste à suivre les audiences pendant un temps suffisant *(per tempus sufficiens)* pour devenir aptes à remplir votre office honorablement et utilement *(laudabiliter et utiliter)*, — en écoutant les anciens et en étudiant les formes de procéder en usage dans les tribunaux.

J'insiste sur ce devoir essentiel de suivre les audiences et de connaître la procédure. C'est la base du Stage. La sagesse de nos anciens a, depuis, créé la Conférence; nous y avons, ensuite, ajouté les assemblées de colonnes; mais loin de détruire l'obligation étroite qui vous est imposée d'être assidus aux audiences, et d'apprendre, là, par quels actes un procès se commence, se conduit et se termine, ce qu'on a fait n'a eu pour but que de confirmer et d'augmenter les bons résultats qu'entraîne nécessairement après elle l'assiduité aux audiences.

2°

Aux termes du Réglement, l'avocat n'est admis à plaider qu'après serment prêté et inscription au rôle (1).

Le serment résume tous les devoirs indiqués aux ordonnances que nous avons parcourues (2).

---

(1) « Et est sciendum quod nullus advocatus ad patrocinandum recipietur, nisi sit « juratus et in rotulo nominum advocatorum scriptus. Et prohibet curia ne ipsi « ingerant se, ad patrocinandum, nisi sint jurati. » — (N° 5).

(2) « Advocati istius curiæ jurabunt articulos qui sequuntur videlicet :

« Quod diligenter et fideliter istud officium exercebunt.

« Quod causarum injustarum patrocinium scienter non recipient.

« Quod si, non ab initio, et post facto tamen, viderint eam esse injustam, statim « eam dimittent.

« Quod in causis, quas fovebunt, si viderint tangi Regem, ipsi de hoc curiam « avisabunt.

« Quod causa placitata, et factis negatis, ipsi de recenti intra biduum, vel triduum « facient, et curiæ tradent articulos suos, nisi ex causa, de licentiâ curiæ, ulterius « different.

« Quod impertinentes articulos scienter non facient.

« Quod consuetudines, quas veras esse non crediderint, non proponent, nec susti- « nebunt.

« Quod causas, quas suscipient, cito expedient pro posse suo.

« Quod in iis dilationes et subterfugia malitiose non quærent.

« Quod pro salario suo, quantumcumque sit magna causa, ultra triginta libras pari- « sienses, non recipient, nec etiam aliquid ultra, in salarii majoris fraudem. Minus « tamen recipere possunt.

« Quod pro mediocri minus et pro minori causa multo minus recipient, secundum « quantitatem causæ et conditiones personarum.

« Item quod non paciscentur de quota parte litis. »

Ce serment ne regarde pas seulement les avocats *plaidants*, il regarde aussi les avocats *consultants* :

« Hoc idem juramentum præstabunt, illi qui advocatis proponentibus, ut consi-

3°

On voit, aussi, dans cette pièce importante que le Parlement accordait, alors, non-seulement la *Réplique*, mais encore la *Duplique*, en prescrivant d'être courts (1).

La brièveté devenait, ainsi, chose facile; car, en donnant la réplique, la magistrature rendait certaine, — et faisait connaître, d'avance, à l'avocat — la possibilité de répondre à toute objection qui pourrait se présenter; chacun était ainsi dispensé de la tâche aussi nécessaire que fatigante, qui nous est imposée, aujourd'hui, d'aller au devant de tous les arguments et de toutes les hypothèses possibles.

Depuis, et par ordonnance de 1363, il a été décidé que chaque avocat ne serait entendu que deux fois (2).

Nous n'en demandons pas davantage.

« liarii, assistent.

Le Réglement ajoute au serment diverses injonctions :

« Injungatur iis, præter juramentum :
« Quod bene mane veniant, et bene venire faciant partes suas.
« Quod illum, cui data fuerit audientia, non impediant.
« Quod stando, et retro primum scamnum patrocinentur.
« Quod primi scamnum non occupent.
« Quod licet sint plures advocati in una causa, unus tantummodo loquatur.
« Quod facta impertinentia non proponant.
« Quod ipsi de curia non recedant, quamdiu magistri in camera erunt. » — (N° 2).

(1) .... Replicationes seu duplicationes........... — (n° 5).

(2) *Ordonnance contenant différents réglements pour le jugement des procès (Jean Ier, et, selon d'autres, Jean II, à Hesdin, en décembre* 1363).

(12) « Nullus advocatus admittatur, sive ex parte actoris, sive ex parte defensoris, « ad placitandum aut aliquid proponendum ultra bis duntaxat, juxta antiquum sti- « lum. Et advocatis curiæ nostræ firmiter injungatur, quod replicando vel duplicando, « a repetitionibus prius propositorum vel dictorum abstineant, nec ea, quæ in primis « propositis dixerint, refricent, *nisi prout fuerit necesse;* et quod in factis propo-

4°

Une chose à remarquer, c'est que le Réglement engageait à n'employer que les faits et moyens qui, vraisemblablement, seraient admis dans l'arrêt *(facta vel rationes quæ....... verisimiliter prævident debere poni in arresto)* (1), — paroles qui méritent d'être pesées, lors même que Fournel aurait tort en pensant qu'elles indiquent l'usage de motiver les arrêts (T. I, p. 174).

5°

Le Réglement prescrit aux avocats de donner par écrit les faits et articles qu'ils auront avancés en plaidant, deux ou trois jours, au plus tard, après la Plaidoirie, — ce qui prouve qu'alors ils faisaient, seuls les écritures, quoiqu'il y eût, déjà, des *procureurs.*

Et, en effet, ils les firent, d'abord seuls, et, ensuite, ils les partagèrent avec les procureurs; et, pour cela, ils avaient des clercs, dont s'occupent les Ordonnances et les Réglements; — de telle sorte que le Stagiaire apprenait à la fois l'art de plaider les procès et l'art de les conduire (2).

6°

Cet Arrêt de 1344 fit, à double titre, révolution au Palais; car il ne se

---

« nendis breviores, prout potuerint, existant, intimando eisdem quod si fecerint « contrarium, graviter punientur. »

Ord. du Louvre, T. III, p. 649.
Isambert, T. V, p. 160, n° 354.

(1) N° 3.

(2) Sur les faits et articles que les Avocats devaient donner par écrit, voir le n° 4.

Relativement aux clercs d'Avocats, voir notamment n° 3 du réglement touchant les huissiers, où se trouve la disposition suivante :

« La Cour leur commande et enjoint (aux huissiers)........... et ne souffrent « mie que les clercs des Avocats ou d'autres fassent leurs écritures en la chambre « du Parlement. »

borna pas à réglementer le Barreau, il l'épura, en ordonnant d'éliminer les incapables *(rejectis non peritis)* et de ne conserver que ceux qui seraient idoines et de capacité suffisante *(idonei et sufficientes)* (1).

§

« Il est aisé de reconnaître dans ce réglement, dit Fournel, le « modèle exact de la discipline qui s'observait dans l'Ordre des « Avocats à l'époque de la Révolution, et qui avait traversé cinq « siècles.

« Présentation des licenciés au serment d'avocat, prestation de « serment, arrêt de réception ou immatricule, Stage de quelques « années, inscription sur le Tableau, radiation autorisée par les « anciens; tout s'y trouvait exactement calqué sur la discipline « du XIVe siècle. » (T. I, p. 175) (2).

---

(1) N° 1.

(2) *Ordinationes advocatos et consiliarios, in Parlamento juratos, tangentes.*

Cet arrêt de réglement renferme quatre chapitres ou ordonnances (*ordinationes*), dont la première regarde les Huissiers du Parlement; la seconde, les Avocats; la troisième, les Procureurs au Parlement; et la quatrième, les Parties qui ont à plaidoier.

Le premier de ces réglements commence à la page 225 du Tome II, Ord. du Louvre, et les autres suivent.

Ord. du Louvre, T. II, p. 225.
Isambert, T. IV, p. 505, n° 128.

SECTION III

Depuis le xve jusqu'au xviie siècle.

I.

Et, en effet, les Ordonnances et Réglements qui suivirent se bornèrent, pour ainsi dire, à en rappeler les dispositions, soit qu'on les doive à ceux qui furent vraiment rois de France, soit qu'ils émanent du roi d'Angleterre, pendant le temps qu'il tint Paris en ses mains, soit que le Parlement en ait été le créateur.

Ici les documents sont nombreux et détaillés.

On en compte, notamment, neuf dans le xive, vingt dans le xve et vingt-sept dans le xvie siècle (1).

---

(1) XIVe SIÈCLE :

1° Ordonnance *touchant les priviléges de la ville d'Aigues-Mortes* (*Jean Ier, et, selon d'autres, Jean II, à Lyon, en février* 1350).

Obligation pour le juge de donner un avocat à celui qui, n'en ayant pas, en demande, tant au civil qu'au criminel.

Ord. du Louvre, T. IV, p. 41.

2° Ordonnance *contenant différents réglements pour le jugement des procès* (*Jean Ier, et, selon d'autres, Jean II, à Hesdin, en décembre* 1363).

Célérité des procédures. — Brièveté des plaidoiries. — Réplique et duplique.

Ord. du Louvre, T. III, p. 649.
Isambert, T. V, p. 160, n° 354.

3° Réglement *pour les requestes du Palais* (*Charles V, à Paris, en novembre* 1364).

Mémoriaux. — Clarté. — Brièveté. — Défense gratuite des pauvres. — Honoraires. — Attention du juge. — Pas d'interruption.

Ord. du Louvre, T. IV, p. 506.
Isambert, T. V, p. 224, n° 377.

4° Réglement *pour l'expédition des affaires pendantes au Parlement* (*Charles V,*

II.

La Roche Flavin nous en a donné le résumé suivant, jusqu'au XVIIe siècle :

« I. Advocats de la Cour seront gradués *in altero jurium;* et seront

---

à Paris, le 16 de décembre 1364).

Célérité. — Brièveté. — Peine contre ceux qui manqueront à l'audience.

Ord. du Louvre, T. IV, p. 511.
Isambert, T. V, p. 228, n° 378.

5° Réglement *fait par la chambre des comptes sur quelques-unes des fonctions des vicomtes de la Normandie (Charles V, à Paris, en* 1356).

Incompatibilité.

Ord. du Louvre, T. IV, p. 719.
Isambert, T. V, p. 265, n° 405.

6° Ordonnance *contenant un Réglement sur les fonctions des avocats et des procureurs au Chastelet de Paris, et sur les procédures qui doivent être observées dans ce siége (Charles V, à Paris, le* 17 *de janvier* 1367).

Devoirs généraux. — Serment. — Réception. — Tableau. — Réglement des audiences. — Mémoriaux. — Quittance d'honoraires. — Limitation du nombre des causes.

Ord. du Louvre, T. VII, p. 705.
Isambert, T. V, p. 504, n° 424.

7° Réglement *général pour les eaux et forêts (Charles V, dit le Sage, Paris, en septembre* 1376, *et à Melun-sur-Seine, en juillet* 1376).

Incapacité d'achat.

Ord. du Louvre, T. VI, p. 222.
Isambert, T. V, p. 456, n° 575.

8° Instruction *sur le fait des aides (Charles VI, Paris,* 4 *janvier* 1392).

Impôts.

Ord. du Louvre, T. VII, p. 524.
Isambert, T. VI, p. 726, n° 174.

9° Lettres *qui portent que le nombre des procureurs au Châtelet de Paris ne sera plus fixé à quarante, et que tous ceux qui voudront exercer cet emploi pourront le faire, pourvu que trois ou quatre avocats de cette Cour certifient au Prévôt de Paris*

« recueux en icelle et y presteront le serment.
« François I. Ord. 1535 — chap. 4, art. 1.

---

qu'ils en sont capables (*Charles VI, Paris,* 19 *novembre* 1393).
Ord. du Louvre, T. VII, p. 584.
Isambert, T. VI, p. 742, n° 192.

XVᵉ SIÈCLE :

1° Ordonnance *portant confirmation de l'affranchissement par Eudes, seigneur de Grancey, aux habitants de ce lieu* (*Charles VI, novembre* 1406).
Fixation de rang de plaidoiries.
Ord. du Louvre, T. IX, p. 158.

2° Décision *du chancelier Arnault de Corbie, qui, en* 1406, *établit une contribution de deux écus sur la réception de chaque avocat, pour assurer un fonds à la célébration de la messe dite, chaque jour, à la chapelle du palais, au nom de la confrérie des procureurs au Parlement.*

Au moyen de ce fonds, on put donner un peu plus d'appareil à la messe de rentrée, qui, en 1512, s'appela la Messe Rouge. (V. *Fournel,* T. II, p. 268).

3° Lettres *qui règlent les différents jours de la semaine pendant lesquels les différentes sortes d'affaires seront plaidées et jugées dans la Cour du sénéchal de Toulouse, et qui portent que les seuls officiers recevant gages du Roy pourront être rapporteurs des affaires domaniales et criminelles, et que les juges pourront appeler des avocats aux jugemens de celles qui seront douteuses et importantes* (*Charles VI,* 24 *septembre* 1407).
Ord. du Louvre, T. IX, p. 253.
Isambert, T. VII, p. 150, n° 391.

4° Lettres *qui renouvellent une ordonnance, qui défendait aux juges royaux de créer plus de deux lieutenants de consuls, dans chaque lieu, et de charger de ces emplois les avocats, les anciens consuls et les personnes âgées* (*Charles VI,* 26 *septembre* 1407).
Ord. du Louvre, T. IX, p. 255.
Isambert, T. VII, p. 150, n. 392.

5° Lettres *par lesquelles Charles VI accorde différens privilèges aux nobles du*

« II. Ne pourront requérir les causes être réappelées, si autres « causes ne sont parachevées.

« François I. Ord. 1539 — art. 21.

Languedoc et à leurs sujets (11 *août* 1408).

Défense aux juges de consulter les avocats de la cause et de délibérer avec eux.

Ord. du Louvre, T. IX, p. 360.

6° Lettres *par lesquelles Charles VI confirme un réglement fait sur l'administration de la justice en Dauphiné* (*Paris*, 12 *juillet* 1409).

Serment.—Tableau.—Plaidoirie.—Mémoriaux. — Écritures. — Renouvellement de la loi bizarre (7, C., lib. II, tit. VI, *de postulando*), qui permet aux juges de donner à la partie qui n'a pas trouvé d'avocat un défenseur choisi parmi ceux qu'a retenus l'autre partie, à peine, pour l'avocat qui refuse, d'être suspendu pendant un an.

Ord. du Louvre, T. IX, p. 447.

Isambert, T. VII, p. 199, n° 446.

7° Lettres *de Charles VI par lesquelles il ordonne aux avocats et aux procureurs qui exercent leur ministère dans le comté de Boulogne d'en faire les fonctions dans les affaires de Jeanne de Boulogne, femme du duc de Berry, nonobstant la rébellion de ce duc, et dans celles qui regarderont les seigneurs de Croy, en qualité de gouverneurs de ce comté* (11 *mars* 1411).

Ord. du Louvre, T. IX, p. 686.

Isambert, T. VII, p. 264, n° 517.

8° Ordonnance *de Charles VI pour la police générale du Royaume* (*Paris*, 25 *mai* 1413).

Honoraires.—Brièveté.—Amende.—Restitution.

Ord. du Louvre, T. X, p. 70.

Isambert, T. VII, p. 283, n° 539.

9° Ordonnance *de Henri VI* [*roi d'Angleterre*], *pour la rédaction d'un réglement pour le Châtelet de Paris* (*Paris*, 5 *août* 1424.)

Ord. du Louvre, T. XIII, p. 88.

Isambert, T. VIII, p. 694, n° 18.

10° Réglement *concernant le Châtelet de Paris* (*Henri VI* [*roi d'Angleterre*], *à Paris, en may* 1425).

Réception.—Serment.—Réglement d'audience.—Célérité.—Nombre des causes.

« III. Se trouveront au commencement de la Plaidoirie ; autrement,
« sont tenus de dommages et intérêts.
« François I. Ord. 1535 — chap. 4. art. 15.

« IV. Plaideront et escriront brièvement.
« Jean I. — Ord. 1363.
« Charles V. — Ord. 1364.
« Charles VII. — Ord. 1446 — art. 25.
« Charles VIII. — Ord. 1493 — art. 26.
« Louis XII. — Ord. 1507 — art. 121.
« François I. — Ord. 1528 — art. 10.

—Avocats admis à conseiller la Cour.—Honoraires.—Écritures.—Avocats pensionnés.—Amendes.—Clercs d'avocats.—Prescription des honoraires et pensions.

Ord. du Louvre, T. XIII, p. 88.
Isambert, T. VIII, p. 698, n° 23.

11° Arrêt *de Réglement de* 1436, *qui donne un jour de vacances en l'honneur de saint Hilaire*, patron de la ville de Poitiers, où le Parlement avait séjourné pendant dix-huit ans.

Fournel, T. II, p. 345.

12° Lettres *de Charles VII touchant le style du Parlement* (*aux Montils-les-Tours*, 28 *octobre* 1446).

Rôle des audiences.—Brièveté sous peine d'amende.—Réplique et duplique.—Articulations.—Mémoires.—Délais de production.—Accord sur les faits.—Peines contre les avocats retardataires.—Peines contre les allégations téméraires, la prolixité, les redites.

Ord. du Louvre, T. XIII, p. 471.
Isambert, T. IX, p. 149, n° 179.

13° Ordonnance *sur la justice des élus et sur l'ordre qu'ils doivent suivre, en baillant à main fermée les aides et gabelles.* (*Charles VII, aux-Montils-les-Tours, le* 20 *mars* 1451).
Défense aux élus d'admettre les avocats à plaider devant eux.

Ord. du Louvre, T. XIV, p. 239.
Isambert, T. IX, p. 184, n° 203.

14° Lettres *de Charles VII pour la réformation de la justice* (*aux Montils-les-Tours, en avril* 1453, *avant Pâques, et en avril* 1454, *après Pâques*).
Absence de l'avocat.—Honoraires.—Brièveté.—Redites.—Signature des

VIII

« V. Liront véritablement et sans obmissions, interruption ou « déguisement.
« François I. — Ord. 1539 — art. 22 et 188.

« VI. Ne partiront de l'audience sans licence de la Cour.
« François I. — Ord. 1535 — chap. 4. art. 16.

écritures. — Injures. — Pertinence des faits. — Peines et amendes.
Ord. du Louvre, T. XIV, p. 284.
Isambert, T. IX, p. 202, n° 215.

15° Ordonnance *sur le fait des mestiers de la ville de Paris* (*Louis XI, à Chartres, en juin* 1467).
Enrôlement des avocats, procureurs, greffiers, notaires, etc., dans une sorte de milice, sous la conduite des présidents du Parlement.
Ord. du Louvre, T. XVI, p. 677.
Isambert, T. X, p. 529, n° 106.

16° Édit *sur les fonctions et privilèges des examinateurs et clercs civils et criminels de la prévôté de Paris* (*pendant la minorité de Charles VIII, Bourges, octobre* 1485).
Reproduction littérale du Règlement de mai 1425, cité plus haut, p. 56.
Isambert, T. XI, p. 150, n° 44.

17° Ordonnance *de Charles VIII, du 8 décembre* 1496, *sur l'étude en l'Université.*
« Cette ordonnance défend de recevoir qui que ce soit *à l'office d'avocat*, qu'il « n'ait étudié dans une *Université renommée pendant cinq ans*, et qu'il n'ait été « trouvé idoine et suffisant par cette Université. (Nous verrons ce délai réduit suc- « cessivement à trois ans). »
Fournel, T. II, p. 116.

18° Ordonnance *sur le fait de la justice du pays de Languedoc* (*Charles VIII, à Moulins, 28 décembre* 1490).
Incompatibilité. — Honoraires. — Abréviation des procès. — Plaidoyer. — Réplique et duplique.
Ord. du Louvre, T. XX, p. 258.
Isambert, T. XI, p. 190, n° 75.

19° Ordonnance *sur le fait de la justice* (*Charles VIII, à Paris, en juillet* 1493).
Dispositions générales, brièveté, etc. — Serment de ne rien donner ni pro-

« VII. Ne procéderont par paroles injurieuses contre les parties « adverses ou autres.

« Philippe VI. — Ord. 1344.
« Charles VII. — Ord. 1453 — art. 54.
« Louis XII. — Ord. 1507 — art. 122.

---

mettre aux commissaires enquêteurs.

Ord. du Louvre, T. XX, p. 586.
Isambert, T. XI, p. 214, n° 94.

20° Ordonnance *rendue en conséquence d'une assemblée de notables, sur la justice et la police du Royaume* (*Louis XII, à Blois, mars* 1498).

Honoraires. — Serment d'observer les ordonnances.

Ord. du Louvre, T. XXI, p. 177.
Isambert, T. XI, p. 323, n° 26.

XVIe SIÈCLE :

1° Édit *portant établissement du Parlement de Provence* (*Louis XII, à Lyon, juillet* 1501).

Défense aux avocats d'assister aux visitation et rapport des procès.

Ord. du Louvre, T. XXI, p. 285.
Isambert, T. XI, p. 422, n° 47.

2° Lettres *pour l'enregistrement et l'exécution en Normandie des ordonnances précédemment rendues sur la justice, tant par le Roi que par ses prédécesseurs* (*Louis XII, à Blois*, 14 *novembre* 1507).

Serment de ne rien donner ni promettre ni aux commissaires enquesteurs, ni aux autres magistrats. — Absence de l'avocat. — Honoraires. — Brièveté. — Redites. — Injures. — Allégations et requêtes non pertinentes. — Registre de plaidoirie tenu par les greffiers, revisé par les avocats.—Réplique.—Duplique.—Signature des écritures. — Requêtes et délais frustratoires. — Peines et amendes arbitraires. — Suspension.

Isambert, T. XI, p. 464, n° 81.

3° Ordonnance *pour l'exécution des conciles de Bâle et de Constance, et de la Pragmatique-Sanction, sur les collations de bénéfices, les mandats apostoliques, et*

« VIII. Ne pourront partir de la ville, sinon en remettant les « mémoires prêts es mains du procureur, et laissant subtitud.

« François I. — Ord. 1535 — chap. 4. art. 17.

« IX. N'entreront en siéges, sinon en habits décens, large robe, « bonet rond.

« François I. — Ord. 1540 — art. 30.

---

réglement pour l'administration de la justice (*Louis XII, à Lyon, juin* 1510).

Accord préalable des avocats sur les faits et difficultés des procès.

Ord. du Louvre, T. XXI, p. 420.

Isambert, T. XI, p. 575, n° 98.

4° Ordonnance de 1519 : « (Avocats) signeront leurs écritures. »

La Roche-Flavin, Liv. III, ch. VI, p. 277.

5° Ordonnance *sur l'abréviation des procès et la forme de procéder au Parlement de Paris* (*François Ier, Saint-Germain-en-Laye,* 13 *janvier* 1528).

Punition de mauvais conseils. — Brièveté. — Obligation de corriger les plaidoiries sur le registre du greffe.

Isambert, T. XII, p. 307, n° 137.

6° Arrêt *de réglement du Parlement de Paris, du* 4 *janvier* 1535, *concernant la discipline des avocats.*

« Il leur est enjoint (aux avocats) de ne venir à l'audience qu'après avoir coté leurs « pièces à l'endroit où elles servent, afin que, promptement, ils puissent trouver et « fixer à l'endroit qui sert à la matière (art. 2).

« L'article 3 établit l'obligation de la communication respective des sacs. »

Fournel, T. II, p. 215.

7° Ordonnance *concernant l'administration de la justice* (*François Ier, octobre* 1535).

Défense aux magistrats de dîner avec les avocats, quand ce sont les parties qui payent. — Peine contre les avocats qui solliciteront les juges. — Outrages aux juges. — Réception. — Serment. — Tableau. — Grades in altero jurium. — Brièveté. — Redites. — Écritures. — Célérité. — Mémoires. — Pertinence des faits. — Peines contre les retardataires. — Injures. — Serment relatif aux enquêtes. — Signature et responsabilité des avocats. — Peines et amendes arbitraires. — Défense de s'absenter de l'audience. — Défense de quitter la ville, sans remettre les pièces. — Concours des avocats aux sentences sur matières bénéficiales. — Obligation pour les juges de consulter les avocats en matière de torture, sentence corporelle, en matière crimi-

« X. Seront briefs en leurs contredicts et salvations, sans réitérer « les raisons contraires et principalles escriptures.

« Charles VII. — Ord. 1446 — art. 37.

« — Ord. 1453 — art. 53.

« François I. — Ord. 1535 — chap. 4. art. 6.

---

nelle, en matières difficiles en droit, et quand les parties le requerront. — Trois ans de pratique pour être appelés à ces consultations. — Serment qu'ils n'ont pas été consultés sur l'affaire. — Incompatibilité. — Prescription des honoraires et pensions.

Néron et Girard, T. Ier, p. 93.

Isambert, T. XII, p. 424, n° 222.

Les stagiaires trouveront à la Bibliothèque le Recueil de NÉRON et GIRARD, en 2 vol. in-fol. (Montalent, 1720).

Cet exemplaire est intitulé : *Recueil d'édits et d'ordonnances royaux sur le fait de la justice et autres matières les plus importantes, contenant les ordonnances des rois Philippe VI, Jean Ier, Charles V, Charles VI, Charles VII, Charles VIII, Louis XII, François Ier, Henry II, François II, Charles IX, Henry III, Henry IV, Louis XIII, Louis XIV et Louis XV, et plusieurs Arrêts rendus en conséquence. Augmenté sur l'édition de MM[es] Pierre Néron et Étienne Girard d'un très-grand nombre d'ordonnances, et de quantité de notes, conférences et commentaires.*

8° Édit *sur le fait de la justice dans le duché de Bretagne, et sur l'abréviation des procès (François Ier, à Valence, 30 août 1536).*

Défense de consulter pour les deux parties. — Nomination par le juge d'un avocat pour les plaideurs pauvres. — Obligation d'accepter cette défense. — Peines, amendes, suspension.

Isambert, T. XII, p. 513, n° 235.

9° Arrêt *de Réglement de la cour de Parlement, du 18 décembre 1537, sur le « Reiglement des Advocats et Procureurs d'icelle et abbréviations des causes y affluentes.* »

« Entre autres dispositions, je remarque celle qui enjoint aux dits advocats, en « plaidant, de desduire brievement et succinctement, sans couleur ni desguise- « ment, et sans desduire aucune chose impertinente et non servant les faicts des « causes, selon la vérité, sans icelle aucunement couvrir ou cacher. Et avoir ès « mains les actes et exploits servant à la justification et vérification de leurs deffenses « pour les lire promptement. » (art. 5).

Fournel, T. II, p. 216.

« XI. Bailleront leurs faicts sans aucune raison de droit, quand « les parties sont appointées en faits contraires.

« Charles VII. — Ord. 1453 — art. 51.

« François I. — Ord. 1535 — chap. 4. art. 11.

10° Ordonnance *sur la juridiction du Grand Conseil* (*François Ier, à Paris, en juillet* 1539).

Absence des avocats. — Brièveté. — Pertinence. — Obligation d'avoir en mains les pièces probantes. — Cote des dites pièces ès endroits où elles servent. — Lecture impartiale des pièces. — Communication préalable des faits et pièces. — Folle intimation. — Plaidoiries inconvenantes. — Interruptions. — Amende, dommages-intérêts. — Suspension.

Isambert, T. XII, p. 575, n° 284.

11° Ordonnance *pour la réformation et abréviation des procès* (*François Ier, à Villers-Cotterets, août* 1539).

Suppléance. — Interdiction en matière criminelle de répondre par conseil.

Néron et Girard, T. Ier, p. 158.

Isambert, T. XII, p. 600, n° 188.

12° Édit *sur l'administration de la justice en Normandie* (*François Ier, à Fontainebleau, décembre* 1540).

Avocats appelés à assister le bailli jugeant en appel les causes jugées en 1er ressort par le vicomte ou son lieutenant. — Serment qu'ils n'ont ni plaidé ni été consultés dans l'affaire. — Suppléance. — Tenue, costume.

Isambert, T. XII, p. 707, n° 319.

13° Arrêt *du conseil privé qui déclare que l'exercice de la profession de juge et d'avocat ne déroge pas à la noblesse* (*François Ier, à Paris, 4 mars* 1543).

Isambert, T. XII, p. 869, n° 581.

14° Édit *qui ordonne aux cours souveraines, baillages, sénéchaussées et autres juridictions de prendre l'avis des avocats pour nommer procureurs* (*François Ier, Saint-Germain-en-Laye, octobre* 1544).

Isambert, T. XII, p. 885, n° 592.

Fontanon, T. I, p. 74.

Les stagiaires trouveront à la Bibliothèque le Recueil de FONTANON, en 4 vol. in-fol. (Paris, 1611). Sous ce titre : *Les Édicts et Ordonnances des Rois de France, depuis Louis VI, dit le Gros, jusqu'à présent, avec les vérifications, modifications*

« Signeront leurs escriptures.
« François I. — Ord. 1519 — art. 9.
« — Ord. 1535 — chap. 5. art. 25.
« Henry III. — Ord. 1579 — art. 161.

---

et déclaration sur iceux ; divisez en 4 tomes, par Antoine Fontanon, advocat en Parlement ; et de nouveau reveu, corrigez et augmentez de plusieurs belles Ordonnances, anciennes et nouvelles, par Gabriel-Michel, angevin, advocat en Parlement et au Conseil privé du Roi.

15° Édit *de la création des siéges présidiaux* (*Henri II*, *à Fontainebleau*, *janvier* 1551).

Suppléance.

Néron et Girard, T. I, p. 316.
Isambert, T. XIII, p. 248, n° 184.

16° Ampliation *de l'Édit des présidiaux avec l'establissement de leurs siéges et ressorts, pour confirmer encore le précédent Édit et l'éclaircir et amplifier de plusieurs circonstances et dépendances, tant pour le nombre d'officiers en chaque présidial, en ayant l'un plus, l'autre moins, que pour le règlement et instruction nécessaires faite aux juges, ou aux parties, ou aux avocats et procureurs* (*Henri II, à Reims, mars* 1551).

Injure. — Amende. — Suppléance.

Néron et Girard, T. I, p. 319.
Isambert, T. XIII, p. 268, n° 198.

17° Ordonnance *sur les plaintes, doléances et remontrances des députés des trois États, tenus en la ville d'Orléans* (*Charles IX, Orléans, janvier* 1560).

Défense d'acheter droits litigieux. — Suppression des avocats, et des épices, dans les affaires peu importantes. — Idem, en matière personnelle devant les juges des lieux. — Droit pour les avocats d'exercer en même temps la charge de procureur. — Défense de se charger d'une mauvaise cause ou de la conseiller, sous peine de dommages-intérêts. — Juridiction des élus sans avocats.

Néron et Girard, T. I, p. 368.
Isambert, T. XIV, p. 63, n° 8.

18° Édit *sur le cumul de la postulation et de la plaidoirie* (*Charles IX, Saint-Germain-en-Laye, août* 1561).

Suppression des procureurs au fur et à mesure des décès. — « Que, dès à présent,

« XII. Estant appellés au Conseil, feront serment, qu'ils n'ont
« patrociné ne consulté pour les parties.
« François I. — Ord. 1535 — chap. 12. art. 16.
« — Ord. 1540 — art 17.

« XIII. Ne seront pour les deux parties.
« François I. — Ord. 1536 — chap. 1. art. 37.

« XIV. Seront donnés aux pauvres misérables personnes.
« François I. — Ord. 1536 — chap. 1. art. 39.

« les avocats puissent exercer les dits deux estats d'avocat et procureur ensemble-
« ment. »

Isambert, T. XIV, p. 112, n° 50.

19° Ordonnance *sur l'abréviation des procès, et consignation de certaines sommes de deniers par ceux qui voudraient plaider (Charles IX, à Paris, en novembre* 1563).

Défense de prendre ou passer appointement avant le paiement des droits du fisc. — Amende.

Néron et Girard, T. I, p. 450.

20° Édit *qui crée la juridiction des juges et consuls de Paris et règle leur compétence (Charles IX, à Paris, novembre* 1563).

Obligation pour les parties de comparaître en personne « sans aucun ministère « d'avocat ou procureur. »

Néron et Girard, T. I, p. 453.
Isambert, T. XIV, p. 153, n° 69.

21° Arrêt *du Parlement du* 6 *juin* 1564, *exigeant des avocats serment de catholicité.*

Fournel, T. II, p. 582.

22° Ordonnance *de Moulins, faite pour la réformation de la justice tant ès Cours souveraines qu'inférieures, en l'assemblée des princes et seigneurs du Conseil et des députés des Cours de Parlement et Grand-Conseil (Charles IX, février* 1566).

Privilége de *committimus* à douze des plus anciens avocats et procureurs du Parlement de Paris, et aux six plus anciens dans les autres Parlements.

Néron et Girard, T. I, p. 444.
Isambert, T. XIV, p. 189, n° 110.

« XV. Advocats et procureurs ne proposent faicts superflus « impertinants.
« Charles VII. — Ord. 1453 — art. 62.
« Louis XII. — Ord. 1507 — art. 128.
« François I. — Ord. 1535 — chap. 4. art. 8.
« Henry III. — Ord. 1579 — art. 125.

« XVI. Ne doivent user de contentions et exclamations les uns « envers les autres, ny parler plusieurs ensemble et s'interrompre.
« François I. — Ord. 1539 — art. 40.

« XVII. Ne doivent soutenir une mauvaise cause.
« Charles IX. — Ord. 1560 — art 58. »
A ce dernier précepte — base fondamentale de notre pro-

23° Ordonnance *sur les plaintes faites par les députez des Estats du Royaume assemblez à Blois* (*Henri III, à Paris, mai* 1579).

Nul ne sera juge s'il n'a banté Barreaux et Plaidoiries. — Prompt jugement des procès. — Pertinence des faits — Allégations fausses. — Incompatibilités—Défense d'acheter ou d'être cautions. — Procédures sans avocats. — Écritures. — Obligation de signer, et de mentionner les honoraires reçus. — Peines, amendes, interdiction. — Privilége de committimus.

Néron et Girard, T. I, p. 508.
Isambert, T. XIV, p. 380, n° 103.

24° Arrêt *de Règlement de* 1594, *qui accorde un jour de vacance, le* 2 *mai, fête de saint Gratien, patron de la ville de Tours, à raison du séjour du Parlement dans cette ville.*

Fournel, T. II, p. 343.

25° Édit *du Roy sur le Reiglement de la Justice* (*Henri IV, à Rouen, janvier* 1597).
Honoraires. — Committimus.

Fontanon, T I. p. 4.
Isambert, T. XV, p. 120, n° 107.

26° Déclaration *pour la Décharge des pièces et procès tant indécis que jugez, en*

fession, — La Roche-Flavin donne pour origine une ordonnance de Charles IX.

Il eût pu mieux choisir (1).

§

Cette analyse et les documents dont elle s'appuie laissent en oubli la célèbre ordonnance de Villers-Cotterets du mois d'août 1539, et diverses dispositions de l'ordonnance de Blois de mai 1579.

---

faveur des Avocats et Procureurs au Parlement (*Henri IV, à Saint-Germain-en-Laye, le* 11 *décembre* 1597).

Décharge des pièces. — Prescription.

Néron et Girard, T. I, p. 695.

Isambert, T. XV, p. 166, n° 119.

27° Édit *contenant le Règlement général sur le fait des Tailles* (*Henri IV, Paris, mars* 1600).

Exclusion des Avocats et Procureurs du tribunal des élus.

Néron et Girard, T. I, p. 708.

Isambert, T. XV, p. 226, n° 159.

(1) TREZE LIVRES DES PARLEMENS DE FRANCE esquels est amplement traicté de leur origine et institution, et des présidens, conseilliers, gens du roy, greffiers, secrétaires, huissiers et autres officiers; et de leur charge, devoir, et juridiction : ensemble de leurs rangs, séances, gages, priviléges, réglements, et mercurialles, — par Bernard de LA ROCHE-FLAVIN, sieur du dit lieu, conseiller du Roy en ses conseils d'Estat et privé : et cy-devant conseillier au Parlement de Paris : et puis trente-six ans, premier président en la Chambre des Requestes du Parlement de Tholose. — Œuvre très-utile non-seulement à tous officiers des Parlemens : mais à tous autres magistrats de France. — Livre III, chap. VI, p. 276.

Le Livre III s'occupe, spécialement, de nous; il est intitulé : *Des Advocats.*

Cet ouvrage a été condamné par arrêt du Parlement de Toulouse, du 12 juin 1617.

Les stagiaires trouveront à la Bibliothèque l'édition de 1617 (Bordeaux).

Dans la citation que nous avons faite, nous avons corrigé quelques erreurs de renvois aux ordonnances.

La Roche-Flavin, né à Saint-Cernin, en 1552, — mort à . . . . en 1627.

III.

Ordonnance de Villers-Cotterets du mois d'août 1539 (1).

Quant à celle de Villers-Cotterets, en 1539, cette ordonnance règle, à la fois, le civil et le criminel.

« C'est, dit *Isambert,* en son Recueil (T. XII, p. 600), l'acte le « plus important du règne de François Ier.... C'est elle, qui, en matière criminelle, a décidé que l'accusé répondrait lui-même aux « interpellations qui lui seraient faites, qu'il ne pourrait entendre les « dépositions avant de proposer ses reproches, etc..... Le secret de « la procédure, établi par cette ordonnance, fut maintenu par celle « de 1670..... La publicité des débats et l'assistance d'un défenseur « ont été introduites en France par la loi du 3 novembre 1789..... »

Vous pouvez voir, par là, quelle influence cette ordonnance a dû avoir sur le Barreau, et jusqu'à quelle époque cette influence s'est prolongée.

Vous n'ignorez pas que plusieurs de ses dispositions ont été introduites par le chancelier Poyet, afin de perdre l'amiral Chabot; que, plus tard, tombé en disgrace, et, à son tour, accusé, il réclama en vain l'assistance d'un défenseur et voulut récuser les témoins qui l'accablaient; qu'il reçut du commissaire interrogateur cette foudroyante apostrophe : *Patere legem quam ipse fecisti,* et qu'il ne trouva pour lui répondre que cette étrange exclamation : « Ah! « quand je fis cette loi, je ne pensais pas me trouver où je suis! » — ce à quoi, cependant, devraient un peu penser tous ceux qui font des lois d'exception, de vengeance et de proscription.

---

(1) *Ordonnance pour la réformation et abréviation des procès. (François Ier, à Villers-Cotterets, août* 1539).

Néron et *Girard,* T. I, p. 158.

Isambert, T. XII, p. 600, n° 183.

IV.

Ordonnance de Blois de 1579 (1).

Quant à l'*Ordonnance de Blois de* 1579, elle prescrit aux avocats, en signant leurs écritures « d'escrire et parapher de leur main ce « qu'ils auront reçu pour leur salaire, et ce, sous peine de con- « cussion. »

Si La Roche-Flavin l'a laissée de côté, c'est que cette disposition, qui n'avait pas été votée par les États, ne fut jamais exécutée ; et, qu'ayant été réveillée en 1602, l'exécution qu'on voulut lui donner blessa si profondément la délicatesse du Barreau, que les cent sept avocats, alors inscrits, donnèrent leur démission et allèrent, deux à deux, déposer leurs chaperons au greffe. Cette démarche amena, comme vous le savez, l'abandon de la mesure, et nous valut ce beau dialogue de Loisel, ce catéchisme de l'avocat, que chacun de vous doit savoir par cœur (2).

Puisque j'ai cité cette ordonnance, je ne puis m'empêcher de vous lire les articles 105 et 106, si honorables pour notre profession.

Voici ce qu'y dit Henry III :

« Art. 105 : Et afin que la justice soit administrée en la dignité qu'il

---

(1) *Ordonnance sur les plaintes faites par les Députez des Estats du Royaume assemblez à Blois. (Henri III, à Paris, mai* 1579).

Néron et *Girard*, T. I, p. 508.

Isambert, T. XIV, p. 380, n° 105.

(2) *Pasquier ou Dialogue des Advocats du Parlement de Paris.*

Les stagiaires le trouveront à la Bibliothèque :

1° Dans l'ouvrage intitulé : Divers Opuscules, tirés des *Mémoires de M. Antoine LOISEL, advocat en Parlement.*

Auxquels sont joints quelques ouvrages de MM. Baptiste DU MESNIL, advocat

« appartient, nous n'entendons que, par ci-après, aucun puisse estre « pourvu ne reçu en estat et office de judicature de nos Cours souve- « raines, qu'il ne soit âgé de vingt-cinq ans complets, et n'ait hanté et « fréquenté les Barreaux et Plaidoiries. »

« ART. 106 : Et néanmoins d'autant que les offices de présidens « des Cours et Compagnies souveraines de nostre royaume sont de « ceux ausquels, pour la grandeur de la charge, à laquelle ils sont « appellez, il est très-nécessaire de pourvoir de personnages de grand « sçavoir et longue expérience, afin que, par leur sçavoir, vertu et « âge, ils puissent estre respectez et donner loi et exemple de faire à « ceux ausquels ils président ; avons ordonné et ordonnons que nul « ne sera d'oresnavant pourvu aus dits estats de présidens, tant de « Parlement que des Enquestes, grand Conseil, et Cours des aydes ; « qu'il n'ait atteint l'âge de quarante ans pour le moins, et, qu'au « préalable, il n'ait esté conseiller en Cour souveraine l'espace de dix « ans, ou tenu estat de lieutenant général en nos balliages et séné- « chaussées, par pareil espace de temps, ou fréquenté les Barreaux « des Cours souveraines, exercé l'office d'Avocat si longuement et « avec telle réputation et renommée, qu'il soit estimé digne et « capable des dits estats. »

Voilà dans quelle estime on nous tenait alors !

---

général du Roy, de Mr Pierre PITHOU, sieur de Savoye, advocat en la Cour, et de plusieurs autres personnages de leur temps.

Le tout recueilly et mis nouvellement en lumière, par M. Claude JOLY, ci-devant advocat en Parlement, et ci-présent chanoine en l'Église de Paris, petit-fils de M. Antoine Loisel.

2° Dans le recueil de *M. Dupin* intitulé : *Profession d'avocat. — Recueil de pièces concernant l'exercice de cette profession.* T. I, p. 147.

3° Dans l'édition spéciale donnée par *M. Dupin*, en 1844.

SECTION IV

Depuis le XVIIe siècle jusqu'au 2 septembre 1790.

I.

Au XVIIe et au XVIIIe siècles, il est quelques ordonnances que je dois vous signaler.

II.

Ordonnance de janvier 1629 (1).

Ainsi, sous Louis XIII, — l'*Ordonnance de janvier* 1629 (Code

(1) De 1344 à 1629 on trouve, notamment, indépendamment des ordonnances citées plus haut :

XIVe SIÈCLE :

1360. — *Décisions de messire JEAN DES MARES, conseiller et advocat du Roy au Parlement, soubs les Roys Charles V et Charles VI, dans lesquelles sont transcripts les usages et coustumes gardées en la Cour du Chastelet et certaines sentences données en plusieurs cas notables.*

Plusieurs de ces décisions s'occupent de nous : on y lit entre autres la 411me, qui nous recommande « d'acquérir et garder l'amour du juge. »

Les stagiaires trouveront ces décisions à la fin du 2me volume du *Commentaire sur la coustume de la prévosté et vicomté de Paris, par Me Julien Brodeau* (Paris, 1658).

Jean des Mares, né en........, — mort à Paris en 1382.

XVe SIÈCLE :

1467. — Première publication, par la voie de l'impression, de la seconde partie de la *Somme Théologique* de SAINT-THOMAS-D'AQUIN.

Dans cette Somme, l'Auteur traite du *Droit ;* et à cette occasion, des Avocats, de la défense des pauvres, de la justice des causes, des honoraires, etc. Voir, entre

Michaud), qui fait aux avocats « très-expresses défenses.... .... de « prendre aucune cession de dettes pour lesquelles il y ait procès,

---

autres, la question LXXI. intitulée : *De l'injustice qui a lieu dans le jugement de la part des Avocats :*

Les Stagiaires la trouveront à la Biblothèque, dans la : *Somme Théologique de Saint-Thomas, traduite intégralement en français pour la première fois, avec des notes théologiques, historiques et philologiques, par M. l'abbé Drieux, auteur du Cours complet d'histoire*, etc. 8 vol. in-8°. — Paris, Eugène Belin, 1851. — T. IV, p. 560.

Saint-Thomas-d'Aquin ,né à Roche-Sèche, près l'abbaye du mont Cassin (Naples), ou, selon certains auteurs, à Aquin, en 1227, — mort au monastère de Fosse-Neuve, ordre de Citeaux, diocèse de Terracine, le 7 mars 1274.

1479.—*Somme rurale, ou le grand coustumier général de practique civil et canon, composé par M. Jean BOUTELLIER, conseiller du Roy en sa cour de Parlement.*

Les stagiaires trouveront à la Bibliothèque l'édition de 1612 donnée par *Louys Charondas-le-Caron.*

A la page 671 de cette édition commencent, dans le titre II du Livre II, diverses observations relatives aux Avocats, spécialement : *De l'estat aux Advocats ; — que Advocat ne peut être juge ; — Du gain que faict l'Advocat ; — comment Advocat ne doit faire que son office ; — comment le juge doit recevoir l'Advocat à serment ; — de l'Advocat reçeu à pension ; — d'Advocat faillir à escrire ; — d'Advocat laisser dire par oubliance aucune chose ; — De ceux qui peuvent estre Advocats en cours, et quels non.*

Bouteillier (Jean), né à Mortagne, en ...., — mort après le 16 septembre 1502, date de son testament.

Son éditeur, *Charondas-le-Caron*, né à Paris, en , 1536 — mort à Clermont en Beauvoisis, en 1617.

XVIe SIÈCLE.

1560. — *Recherches de la France*, premier livre, par ESTIENNE PASQUIER, alors avocat au Parlement, ensuite avocat général à la Cour des comptes. Depuis les recherches furent portées jusqu'à 9 livres. Il y parle souvent des Avocats.

Il a aussi publié d'autres ouvrages parmi lesquelles des *Lettres* dont la plus re-

« droits ou actions, soit en leur nom, ou d'autres personnes par eux

---

marquable, en ce qui nous regarde, est celle *à son fils* (6e du Livre IX), publiée séparément par *M. Dupin* dans son édition de *Pasquier* ou *Dialogue des Avocats au Parlement de Paris*, par *Ant. Loisel* (1844), in-12, p. 204.

En 1723, les œuvres de *Pasquier*, ont été réunies sous ce titre : *Les OEuvres d'Estienne Pasquier, contenant ses Recherches de la France ; son plaidoyé pour M. le duc de Lorraine ; celuy de Me Versoris pour les jésuites contre l'Université de Paris ; clarorum virorum ad. Steph. Pasquierium carmina ; Epigrammatum libri sex ; epitaphiorum liber ; iconum liber, cum non nullis Theod. Pasquierii in Francorum regum icones notis. Ses lettres, ses œuvres mêlées et les lettres de Nicolas Pasquier, fils d'Estienne.* — Amsterdam, 1723, 2 vol. in-fol.

Les stagiaires trouveront cette édition à la Bibliothèque.

Pasquier, né à Paris en 1529, — mort à Paris, le 31 août 1615.

1587. — *Le Code du Roy Henry III, roy de France et de Pologne, rédigé en ordre par messire Barnabé BRISSON, conseiller du Roy en son conseil d'Estat, et Président en sa Cour du Parlement de Paris.*

Il s'occupe des Avocats au Livre II, titre XXXI, intitulé : *des Advocats plaidans pour les parties, ès cour de Parlement, et de ce qu'ils doivent observer en plaidant ;* et au Livre III, titre XVIII, intitulé : *des Advocats et procureurs des parties.*

La quatrième édition (1615) a été donnée par L. Charondas-le-Caron.

Barnabé-Brisson est né en........, — mort à Paris le 15 novembre 1591.

1598. — *Le grand Coustumier de France, contenant tout le droit françois et practique judiciaire, pour plaider ès cour de Parlement, prévosté et vicomté de Paris et autres juridictions de ce royaume, reveu et corrigé sur l'exemplaire escrit à la main, et ancienne impression, et illustré de très-doctes annotations, enrichies des arrêts de Cours de Parlements et diverses observations par L. Charondas-le-Caron,* jurisconsulte. Paris, 1598, 1 vol. in-4°.

Les stagiaires trouveront, dans cette édition qui est à la Bibliothèque :

Livre I, chap. II, p. 7, *des Estats du Chastellet de Paris;*

Livre I, chap. XII, p. 96, *Ordonnance sur les serments que les advocats et procureurs doivent faire;*

Livre III, p. 293, *des Advocats.*

L'époque où ce coutumier fut rédigé est inconnue ; et Charondas-le-Caron s'ex-

« sur peine de perte de choses cédées, pour lesquelles nous vou-
« lons y avoir répétition contre eux, jusques à dix ans, après

---

prime ainsi à cet égard : « Qui soit l'autheur de ce livre, je ne l'ai peu encores sçavoir « toutefois, j'ai apprins, de luy-mesme, qu'il estait du temps du roi Charles VI. »

On le cite communément sous le nom de *Grand Coutumier de Charles VI.*

XVIIe SIÈCLE :

De 1600 à 1629, on trouve notamment :

1603. — *Réglement rendu par le Présidial de Bourg en Bresse, le* 24 *mai* 1603 *(Henri IV).*

« Les causes qui peuvent être plaidées par les procureurs sont toutes celles qui « sont provisoires d'instruction, les oppositions à l'exécution des jugements, dé- « fenses, et autres qui réquièrent célérité. A quoi il faut joindre aussi les affaires « sommaires. » — Rapporté par Joly. — Recueil des réglements, T. II, p. 1050. — (JOUSSE. — *Commentaire sur l'ordonnance civile de* 1667, T. I, p. 150).

1607. — *Déclaration qui permet aux substituts des procureurs du Roi dans les baillages et sénéchaussées d'écrire, plaider et consulter dans les causes où le roi n'a pas d'intérêt* (*Henri IV, à Paris,* 22 *février* 1607). — (*Fontanon,* T. I, p. 433. — *Isambert,* T. XV, p. 323, n° 188).

1617. — Arrêt du Parlement *portant réglement pour les juges, officiers, praticiens et ministres de la justice du siége présidial de Bourges* (*Louis XIII,* 14 *août* 1617).

Cet arrêt prescrit la communication des pièces et le respect de l'audience, fixe le rang des avocats, interdit l'appel à la Barre. — (*Néron et Girard,* T. II, p. 560).

1625. — Édit *sur les degrés de licence et de doctorat dans toutes les Universités* (*Louis XIII, à Paris, avril* 1625).

Cet édit défend de recevoir au serment d'avocat celui qui ne sera pas licencié et qui ne justifiera pas de ses lettres au Procureur-général. — (*Isambert,* T. XVI, p. 148, n° 119).

1629. — *La Bibliothèque ou Thrésor du droit français, où sont traitées les matières civiles, criminelles et bénéficiales, tant réglées par les Ordonnances et*

« que les jugemens et arrêts auront été rendus. » (Art. 94) (1).

Coustumes de France, que décidées par arrêts des Cours souveraines, par Laurent BOUCHEL, advocat en la Cour du Parlement. — V° Advocat.

Les stagiaires trouveront à la Bibliothèque l'édition de 1667, 3 vol. in-fol.

Laurent Bouchel, né à Crespy, en 1559, — mort le 29 avril 1629.

(1) *Ordonnance sur les plaintes et doléances faites par les deputez des Estats de son royaume, convoquez et assemblez en la ville de Paris, en l'année* 1614, *et les avis donnés à Sa Majesté par les assemblées des notables, tenues à Rouen, en l'année* 1617, *et à Paris, en l'année* 1629, *et publiée à Paris, au mois de janvier* 1629. *(Louis XIII).*

Cette Ordonnance est aussi appelée *Code Michaud*, du nom de Michel de Marillac, garde des Sceaux, son auteur.

Néron et Girard, T. I, p. 782.
Isambert, T. XVI, p. 225, n° 162.

III.

Ordonnance civile de 1667 (1).

Ainsi, sous Louis XIV, l'Ordonnance civile de 1667 qui « rejete « de la taxe toutes écritures non signées par un avocat plaidant, du « nombre de ceux qui seront inscrits dans le tableau qui sera dressé

---

(1) Entre 1629 et 1667, on trouve, notamment :

1630. — *Déclaration portant que les offices de procureur ou avocat postulant dans les Cours de Parlement, Chambres des Comptes, Cours des Aides, Baillages, Sénéchaussées, etc., sont héréditaires* (*Louis XIII, Paris, 2 janvier* 1630). — (*Isambert*, T. XVI, p. 349, n° 172).

1643. — *Édit portant création de* 160 *Avocats au conseil du Roi, pour occuper et plaider à l'exclusion de tout Procureur, sans néanmoins que les Avocats au Parlement de Paris soient exclus d'y plaider les causes des parties* (*Louis XIV, à Paris, septembre* 1643). — (*Isambert, T. XVII, p.* 34, *n°* 11).

1644. — *Édit contenant création de* 40 *offices d'avocat aux conseils qui, avec les* 160 *créés par l'Édit de septembre* 1643, *formeront le nombre de* 200 *établis à perpétuité* (*Louis XIV, Paris, janvier* 1644). — (*Isambert*, T. XVII, p. 37, n° 19).

1645. — *Édit portant création de* 16 *offices de référendaires, tiers taxeurs de dépens adjugés par les Conseils du Roi, auxquels sont unies les qualités et fonctions d'avocats aux Conseils.* (*Louis XIV, Paris, avril* 1645). — (*Isambert*, T. XVII, p. 50, n° 45).

1646. — *Édit portant, entre autres dispositions, augmentation de* 30 *avocats sans création d'office* (*Louis XIV, Fontainebleau, août* 1646). — (*Isambert*, T. XVII, p. 59, n° 72).

1646. — *Édit portant création de* 30 *avocats aux conseils, en exécution de l'Édit d'août* 1646 (*Louis XIV, à Paris, novembre* 1646). — (*Isambert*, T. XVII, p. 60, n° 76).

1650. *Édit portant suppression des* 30 *nouveaux offices d'avocats aux conseils*,

« tous les ans et qui seront appelés au serment qui sera fait aux ou-
« vertures. »

Cette ordonnance a cela de remarquable, qu'ici, le tableau change de nature. Il n'est plus seulement une affaire de discipline ; il revêt un caractère légal.

De plus, les avocats sont appelés au réglement des qualités.

Une consultation favorable de deux anciens est exigée pour les requêtes civiles. Le nom de ces avocats doit être indiqué à la

---

créés par les Édits d'août et de novembre 1646 (*Louis XIV, Bourges, septembre* 1650). — (*Isambert*, T. XVII, p. 225, n° 193).

1652. — *Pasquier ou Dialogue des Advocats du Parlement de Paris, par Antoine LOISEL*. — Nous en avons cité, plus haut, p. 68, les différentes éditions.

1655. — *Édit de mai* 1655, qui permet aux Prévost des marchands et Échevins de nommer deux avocats pour faire fonctions de procureur du Roi dans la conservation des foires de Lyon — (cité dans les Édits de juillet et août 1669, mentionnés plus bas).

1657. — *Arrêt du Parlement portant qu'on ne recevra au serment d'avocat que ceux qui auront soutenu leur thèse en public.* (*Louis XIV, à Paris*, 17 *mai* 1657). — (*Isambert*, T. XVII, p. 353, n° 309).

1658. — *Mandement portant confirmation d'arrêt du Conseil pour les amendes de la Cour (Louis XIV, à Compiègne*, 1er *août* 1658), — qui défend aux Avocats aux Conseils de signer requêtes tendantes à se pourvoir contre les amendes ordonnées par le Parlement de Paris. — (*Néron et Girard*, T. II, p. 66).

1666. — *De Advocato, libri quatuor, auctore Martino HUSSON, in Senatu parisiensi advocato*. — Parisiis, in-4°. 1666.

Cette édition est à la Bibliothèque.

Husson a aussi laissé une *Histoire curieuse de quelques-uns de Messieurs les Avocats au Parlement* (1680) ; manuscrit qui est à Londres et dont parle *Me de Fuis-*

Cour; mais ils sont dispensés de l'assistance personnelle autrefois en usage (1).

---

seaux, avocat belge, dans son *Discours d'Ouverture* de la *Conférence du Jeune Barreau,* prononcé à Bruxelles, le 29 octobre 1858.

(1) *Ordonnance civile touchant la Réformation de la Justice* (*Louis XIV, Saint-Germain-en-Laye, avril* 1677).

Indépendamment des indications du texte, l'ordonnance règle différents points, entre autres :

Renvoi de certaines causes devant un ancien avocat, pour les juger; — Prononciation de la sentence à l'audience; — Signature des avocats pour expédients; — Abrogation des écritures en répliques, dupliques, tripliques et autres semblables; — Ni avocat ni procureur devant les juges et conseils; possibilité de ne pas recourir à leur ministère, devant les tribunaux inférieurs en matière sommaire; — Consultations d'avocats ne sont admises en taxe.

De plus, à l'occasion des *défauts,* l'art. 4 du titre XIV porte :

« Les procureurs seront tenus de comparoir en l'audience au jour qu'écherra l'as-
« signation, et le délai pour venir plaider : et si la cause est de la qualité de celles
« qui ont besoin du *ministère des Avocats,* ils les y feront trouver ; sinon sera donné
« défaut ou congé au comparant, qui sera jugé sur-le champ, et pour le profit le
« défendeur sera renvoyé absous; ou si c'est le demandeur, ses conclusions lui
« seront adjugées, si elles sont trouvées justes et bien vérifiées. »

Le réglement du présidial, cité plus haut, p. 75, indique les affaires dans lesquelles les procureurs pouvaient plaider.

Isambert, T. XVIII, p. 103, n° 503.

Voir aussi, sur le même sujet, la *Déclaration* du roi du 15 mars 1673 citée *infrà,* p. 79.

IV.

Ordonnance criminelle de 1670. — Édit d'avril 1679. — Déclaration du 26 janvier 1680 (1).

Ainsi, encore, sous le même règne, l'*Ordonnance criminelle de* 1670, où Pussort, continuant Poyet et luttant contre Lamoignon, refuse, en

(1) Entre 1667 et 1680, — indépendamment de l'ordonnance de 1670 et de l'Édit d'avril 1679, — on trouve, notamment :

1669. — *Édit portant règlement sur la juridiction des foires de Lyon* (*Louis XIV, Saint-Germain-en-Laye, juillet* 1669).

Cet édit suppose l'admission des avocats et procureurs dans certaines affaires de commerce, et il enlève aux Prévôt des marchands et Echevins le droit de nommer deux avocats pour faire fonctions de procureur du Roi. — (*Isambert*, T. XVIII, p. 211, n° 566).

1669. — *Édit qui attribue aux maires et échevins des villes la connaissance des procès concernant les manufactures.* (*Louis XIV, Saint-Germain-en-Laye, août* 1669). — (*Isambert*, T. XVIII, p. 319, n° 575).

1669. — *Ordonnance pour la réformation de la justice, faisant la continuation de celle du mois d'avril* 1667. (*Louis XIV, à Saint-Germain-en-Laye, août* 1669), qui règle diverses fonctions de l'Advocat, ainsi que le *committimus*. — (*Isambert*, T. XVIII, p. 341, n° 581).

1669. — *Édit qui attribue aux maires et échevins des villes la connaissance en première instance des procès entre les ouvriers des manufactures ou entre les ouvriers et les marchands à raison d'icelles.* (*Louis XIV, Saint-Germain-en-Laye, août* 1669), — sans ministère d'avocats ni procureurs. — (*Isambert*, T. XVIII, p. 363, n° 585).

1671. — *Arrêt du conseil portant confirmation de committimus pour les* 200 *avocats au conseil, et dérogeant à l'article* 13 *du titre des committimus de l'ordonnance d'août* 1669, *qui n'accordait ce droit qu'aux quinze plus anciens de la compagnie.* (*Louis XIV, Saint-Germain-en-Laye, décembre* 1671). — (*Isambert*, T. XVIII, p. 442, n° 667).

1672. — *Édit portant confirmation des privilèges, ordonnances et règlement sur la*

principe, aux accusés notre utile ministère, un *Édit d'avril* 1679, qui impose aux candidats à la magistrature deux années de notre

---

police de l'Hôtel-de-Ville de Paris, et réglement sur la juridiction des Prévot et Echevins. (*Louis XIV, Versailles, décembre* 1672), — duquel résulte l'admission des avocats devant la juridiction des Prévôt et Échevins de Paris. — (*Isambert*, T. XIX, p. 25, n° 711).

1673. — *Édit pour les épices et vacations des commissaires, et autres frais de justice.* (*Louis XIV, Versailles, mars* 1673), — qui ordonne aux avocats de mettre, le reçu de leurs honoraires au bas des écritures. — (*Néron et Girard*, T. II, p. 124. — *Isambert*, T. XIX, p. 86, n° 720).

1673. — *Déclaration du Roi portant réglement touchant les appellations.* (*Louis XIV, Versailles,* 15 *mars* 1673).

« . . . . Voulons que les mercredi et samedi matin de chaque « semaine, il soit donné des audiences à huis-clos en la grand'chambre pour toutes « les affaires provisoires d'instruction, opposition à l'exécution des arrêts, défenses « et autres qui se trouveront requérir célérité, lesquelles seront plaidées par les « procureurs *sans aucun ministère d'Avocat*, si ce n'est qu'il ait été autrement « ordonné. » (*Recueils chronologiques des ordonnances, édits et arrêts de réglement cités dans les nouveaux commentaires sur les ordonnances du mois d'avril* 1667, *août* 1670 *et mars* 1673. *Paris, MDCC LVII, T. I*, p. 526).

Le commentateur des ordonnances et l'auteur du recueil est JOUSSE (*Daniel*), conseiller au présidial d'Orléans, né dans cette ville le 15 février 1704, — mort en 1781.

1673. — *Ordonnance du commerce* (*Louis XIV, Versailles, mars* 1673), — qui maintient devant les tribunaux de commerce l'exclusion des avocats et procureurs. — (*Isambert*, T. XIX, p. 92, n° 728.)

1673. — *Arrest du Conseil d'Estat du Roy, Sa Majesté y étant, qui fait défense aux avocats au conseil de signer aucune requête tendante à cassation d'arrest et juge-*

stage, et une *Déclaration du 26 janvier* 1680, qui, même pour les tribunaux inférieurs, exige la prestation préalable du serment d'avocat (1).

---

ments, évocations et récusations que les amendes n'ayent été consignées. (*Louis XIV, 22 avril* 1673). — (*Néron et Girard*, T. II, p. 769).

1673. — *Déclaration portant règlement de la Cour des aides et rétablissement des appointements au Conseil.* (*Louis XIV, novembre* 1673). — Elle permet la plaidoirie aux procureurs dans les cas requérant célérité, sans ministère d'avocats, s'il n'est autrement ordonné. — (*Isambert*, T. XIX, p. 118, n° 747).

1674. — *Arrêt du Parlement de Rouen du 3 décembre* portant que, dans ladite Cour, les Avocats, faisant profession de la religion réformée, ne pourront pas y excéder le nombre de 10, ni celui de 2 dans les Cours subalternes. — (*Isambert*, T. XIX, p. 151, n° 793).

(1) *Ordonnance criminelle,* (*Louis XIV, Saint-Germain-en-Laye, août* 1670). Il y a possibilité d'admettre les conseils à communiquer avec l'inculpé dans certains cas rares, péculat, concussion, banqueroute frauduleuse, etc. (art. 8, Tit. XIV).

Isambert, T. XVIII, p. 371, n° 625.

Édit touchant l'étude du droit civil et canonique et du droit français, et les matricules des Advocats. (*Louis XIV, Saint-Germain-en-Laye, avril* 1679).

Trois ans d'étude de droit pour être licencié, quatre ans pour être docteur; — Preuve du temps d'étude, indépendamment des lettres de licence pour être admis au serment d'avocat; — Stage de deux ans pour les magistrats; — Visa des matricules d'Avocat par un conseiller.

Isambert, T. XIX, p. 195, n° 886.

Déclaration portant que les juges des justices ressortissant nuëment dans les cours de Parlement seront avocats, et autres règlements concernant les degrés. (*Louis XIV, à Saint-Germain-en-Laye, 26 janvier* 1680).

Néron et Girard, T. II, p. 161.
Isambert, T. XIX, p. 228, n° 912.

V.

Réglement du 17 juillet 1693 (1).

Treize ans après, les Avocats et les Procureurs s'entendent pour décider quelles écritures seraient communes et quelles seraient particulières à chaque profession ; et cet accord est sanctionné, le

---

(1) Entre le 26 janvier 1680 et le 17 juillet 1693, on trouve, notamment :

1680. — *Arrêt du Conseil portant établissement de docteurs agrégés dans les Facultés de droit du Royaume.* (*Louis XIV, Saint-Germain-en-Laye,* 23 *mars* 1680), — qui met « les Avocats et ceux qui fréquentent le Barreau » au nombre des personnes parmi lesquelles doivent être choisis les agrégés, spécialement celui chargé d'enseigner le droit français. — (*Isambert,* T. XIX, p. 236, n° 917).

1681. — *Ordonnance de la marine.* (*Louis XIV, à Fontainebleau, août* 1681), — qui permet aux parties « de plaider en personnes devant les juges de l'amirauté, » sans être obligées de se servir du ministère d'Avocats ni de Procureurs. » — (*Isambert,* T. XIX, p. 282, n° 981).

1682. — *Déclaration portant défense à tout juge d'appeler pour assesseurs ou opinants les avocats religionnaires, à peine de nullité du jugement et d'interdiction de leurs fonctions, et injonction aux seigneurs de n'établir pour juge aucun religionnaire, et aux notaires, procureurs, huissiers ou autres ayant fait profession, de cesser leurs fonctions.* (*Louis XIV, à Versailles,* 15 *juin* 1682). — (*Isambert,* T. XIX, p. 390, n° 1014).

1682. — *Déclaration sur l'Édit d'avril* 1679, *portant règlement pour le rétablissement des études du droit civil et canonique.* (*Louis XIV, à Versailles,* 6 *août* 1682), — qui ordonne de choisir les agrégés, notamment parmi les avocats fréquentant le Barreau, prescrit de suivre le cours de droit français pendant un an, avant de prêter le serment d'Avocat, et exige que le professeur de droit français ait la qualité d'Avocat ayant exercé pendant dix ans, avec assiduité et succès. — (*Isambert,* T. XIX, p. 401, n° 1025).

1683. — *Déclaration portant union des deux offices de conseillers honoraires, créés aux ancien et nouveau Châtelets de Paris, augmentation de pouvoirs et droits*

17 *juillet* 1693, par *Arrêt de Réglement*, qui ordonne, de plus, que notre Tableau sera présenté à la Cour; qu'il n'y aura que ceux qui font actuellement la profession d'Avocat qui pourront être inscrits

---

aux auditeurs desdits Châtelets, création en titre d'office de deux huissiers-audienciers desdits auditeurs: et deux conseillers receveurs et payeurs alternatif et triennal des gages des officiers du nouveau Châtelet, et attributions aux sergents, gardes du Prévot de Paris, de la jouissance du droit de barrière, et du pouvoir et faculté de faire tous actes de prisées, ventes et autres exploits, etc. (*Louis XIV*, 6 *juillet* 1685).

« Défendons, en outre, ausdits auditeurs, conformément à notre ordonnance du « mois d'avril 1667, au titre des matières sommaires, d'appointer aucune cause, « sous quelque prétexte que ce soit.

« Voulons qu'elles soient toutes jugées à l'audience, sommairement *sans ministère d'avocats*, et sans épices ni émoluments..... — (*Néron et Girard*, T. II, p. 185).

1685. — *Déclaration portant défenses à tous juges, avocats, notaires, procureurs, huissiers, praticiens de se servir de clercs religionnaires.* (*Louis XIV, Versailles*, 10 *juillet* 1685). — (*Isambert*, T. XIX, p. 519, n° 1169).

1685. — *Déclaration portant que les religionnaires ne seront plus reçus docteurs ès-lois dans les universités, ni Avocats dans les Cours.* (*Louis XIV, Versailles*, 11 *juillet* 1685). — (*Isambert*, T. XIX, p. 520, n° 1170).

1685. — *Édit portant révocation de l'Édit de Nantes.* (*Louis XIV, à Fontainebleau, octobre* 1685)

Il dispense les ministres de la religion réformée, qui, après s'être convertis, voudraient devenir avocats ou docteurs ès-lois, des trois années d'étude, et de la moitié des droits. — (*Isambert*, T. XIX, p. 530, n° 1192).

1685. — *Déclaration qui fait défense aux avocats religionnaires d'exercer leur profession.* (*Louis XIV, Fontainebleau*, 17 *novembre* 1685).

Défense aux religionnaires de faire aucune fonction d'Avocat, à peine de 1500 fr. d'amende pour chaque contravention, à tous juges de les recevoir à plaider, à tous plaideurs de les consulter, nommer arbitres ou sur-arbitres, aux avocats catholiques de consulter ni travailler les arbitrages avec eux, et aux procureurs de signer les écritures qu'ils auront dressées; le tout à peine de nullité. — (*Isambert*, T. XIX, p. 535, n° 1195).

1689. — *Arrêt du Parlement contenant homologation d'une délibération des pro-*

sur ce tableau, et qu'ils ne pourront faire d'écritures, s'ils n'ont, au moins, deux années de profession. Il fallait apporter dans la composition netteté et brièveté, et, en preuve du travail personnel, con-

---

cureurs touchant la discipline d'eux et de leurs clercs. (*Louis XIV*, 19 *juillet* 1689), — qui défend aux procureurs d'avoir des clercs payés à peine de privation de leur office ; ordonne que s'il se trouve des avocats qui travaillent comme clercs ou qui prennent gage et font des traités et pactions pour les écritures, plainte en sera portée au Bâtonnier afin qu'il y pourvoie et demande à la Cour leur radiation ; et prescrit de ne poursuivre l'audience que lorsque l'on aura coté dans les écriteres le nom de l'Avocat chargé. — (*Néron et Girard*, T. II, p. 817. — *Isambert*, T. XX, p. 82, n° 1325).

1691. — *Arrêt du Parlement portant réglement général sur les voyages et séjours.* (*Louis XIV, Paris*, 10 *avril* 1691) ; — il accorde aux avocats au Parlement 5 livres, et à ceux des autres siéges 4 livres, par jour. — (*Néron et Girard*, T. II, p. 822. — *Isambert*, T. XX, p. 124, n° 1397).

1691. — *Déclaration portant réglement pour les écritures qui doivent être faites sur papier et parchemin timbrez.* (*Louis XIV*, 19 *juin* 1691), — celles des avocats, qui doivent être signifiées, y sont comprises. — (*Néron et Girard*, T. II, p. 230. — *Isambert*, T. XX, p. 128, n° 1401).

1691. — *Arrêt du Conseil suivi de lettres patentes portant réglement sur les fonctions, rang et séances des procureurs du roi et des greffiers des villes et communautés.* (*Louis XIV, Versailles*, 14 *juillet* 1691), — qui fait défense aux maires, échevins, consuls, de nommer avocat, procureur ou syndic pour faire sous leur nom la poursuite des affaires de la ville, réservée aux procureurs du roi desdites villes. — (*Isambert*, T. XX, p. 133, n° 1404).

1692. — *Arrêt du Conseil portant réglement pour les procédures contenant les réclamations des prises faites en mer.* (*Louis XIV, Versailles*, 26 *octobre* 1692). — On y troure la procédure que doivent suivre les avocats des réclamants. — (*Isambert*, T. XX, p. 168, n° 1472).

1693. — *La découverte des mistères du Palais*, in-18, Paris, 1693, sans nom d'auteur.

Les stagiaires trouveront cet opuscule à la Bibliothèque, et y liront des détails sur notre profession, celle des procureurs et celle des huissiers.

server la minute. Le Réglement termine en prescrivant sa lecture et publication *en la Communauté des Avocats et Procureurs au Parlement* (1).

---

(1) *Arrêt de réglement du Parlement de Paris qui fixe les écritures du ministère des avocats, et celles du ministère des procureurs.* (*Louis XIV, Paris,* 17 *juillet* 1693).

La première disposition porte : « La Cour a ordonné et ordonne que suivant ce « qui a été convenu entre les avocats et les procureurs de ladite Cour, les avocats « feront les *griefs, causes d'appel, moyens de requête civile, réponses, contredits,* « *salvations, avertissements* dans les matières où il sera nécessaire d'en donner, et « les autres écritures qui sont de leur ministère ; les procureurs, les *inventaires,* « *causes d'opposition, productions nouvelles, comptes, brefs-états, déclarations de* « *dommages et intérêts,* et autres écritures de leurs fonctions ; et les avocats et pro- « cureurs, par concurrence entre eux, les *débats, soutenements, moyens de faux, de* « *nullité, reproches et conclusions civiles.* »

Indépendamment de ce que nous avons dit dans le texte, l'arrêt porte encore : « Défense aux avocats de signer les écritures qu'ils n'auront point faites, ni de trai- « ter de leur honoraire avec les procureurs, à peine contre les avocats qui en seront « convaincus, d'être rayés du Tableau, et contre les procureurs d'interdiction pen- « dant six mois pour la première fois, et pour la seconde d'interdiction pour tou- « jours. »

Isambert, T. XX, p. 193, n° 1507.

Cet arrêt a été interprété comme fixant le temps du Stage à deux années. (Voir JOUSSE, Commentaire de l'ordonnance de 1667, T. II, p. 418, et le Procès-verbal de l'arrêt de réglement du 5 mai 1751, Recueil de *Jousse,* T. III, p. 677).

VI.

Communauté des Avocats et Procureurs.

Que signifient ces mots : *Communauté des Avocats et Procureurs?* Doit on en conclure qu'en 1693 les avocats et les procureurs fussent réunis en une seule Compagnie?

Non.

Ce serait une erreur.

Voici ce qu'était cette communauté.

Une confrérie toute religieuse s'était établie au Palais, dans la chapelle de Saint-Nicolas. Les avocats y tenaient le premier rang; les procureurs le second : le chef naturel de la Confrérie était donc un avocat. Cet avocat s'appelait Bâtonnier, parce que dans les processions, il portait le bâton auquel pendait la bannière du saint.

A une époque restée inconnue, mais, certainement, antérieure à 1602, ce bâtonnier devint chef électif de l'Ordre, en remplacement du doyen.

Il réunit, ainsi, à des titres et pour des objets différents, les avocats et les procureurs sous son autorité.

C'est sous sa présidence que les délégués de la Confrérie se réunissaient pour régler ses intérêts, ses comptes et ses aumônes. Au xvie siècle, cette assemblée vit s'étendre ses prérogatives. Un arrêt du 18 *mars* 1508 lui donna mission d'entendre les plaintes contre ceux qui contreviendraient au style et aux ordonnances du Parlement. Elle joignit, bientôt, à ces fonctions le réglement des intérêts communs aux deux professions, et devint, par là, une sorte de juridiction qui porta le nom de *Communauté des Avocats et Procureurs* (1).

§

Je ne puis quitter le règne de Louis XIV sans vous dire que, pen-

(1) Sur cette matière, les stagiaires peuvent consulter notamment : *Boucher-d'Argis*, Histoire abrégée de l'Ordre des Avocats, chap. xxi, p. 209.

dant la minorité de ce prince, l'avocat-général Talon ayant été exilé pour s'être opposé à un arrêt bursal, et les avocats lui ayant manifesté toute leur sympathie, une *Déclaration du Roi* permit aux procureurs de plaider même sur appellation; — mais que, sur la vive réclamation du premier président de Bellièvre, la déclaration ne fut pas exécutée (1).

(1) « Le cardinal Mazarin croyant les mortifier (les avocats) donna une déclaration « qui permettait aux procureurs de plaider même sur les Appellations. Le Parlement « enregistra cette déclaration ; mais en même temps l'illustre M. de Bellièvre, Pre- « mier-Président, représenta au Roi que les Procureurs n'étaient pas capables de « plaider des questions de Droit et de Coutume, et qu'ainsi les causes de ses sujets « seraient mal défendues ; d'ailleurs, le peuple murmurait hautement. Le Cardinal « craignant quelque émotion, fut obligé de rappeler M. Talon, qui rentra au Palais « tout glorieux et très-reconnaissant du service que les Avocats lui avaient rendu. »

BRETONNIER, *Recueil par ordre alphabétique des principales questions de droit qui se jugent diversement dans les différents tribunaux du royaume*, préface, p. 25.

Les stagiaires trouveront à la Bibliothèque la cinquième édition de cet ouvrage publiée par *Boucher d'Argis*, en 1783.

VII.

Déclaration du 12 mai 1717 (1).

Deux ans après l'avénement de Louis XV, une *Déclaration du*

---

(1) Du 17 juillet 1693 au 12 mai 1717, on trouve, notamment :

1693. — *L'Indépendance de l'Avocat*, par D'AGUESSEAU, avocat-général au Parlement de Paris, procureur-général et chancelier.

D'Aguesseau, né à Limoges, le 7 novembre 1668, — mort le 9 février 1751.

1700. — *Déclaration portant règlement pour les études de droit.* (*Louis XIV, Versailles, 19 janvier* 1700), — qui reproduit, pour le serment d'avocat, les dispositions de la déclaration de 1682. — (*Isambert*, T. XX, p. 349, n° 1704).

1702. — *Advocatus prudens in foro criminali, etc.*, par THONNIKER, in-4°, Chemniti apud Conradum Stæsselium, 1702.

Les stagiaires trouveront cet ouvrage à la Bibliothèque.

1704. — *Arrêt de règlement du Parlement de Paris qui ordonne que les conseillers-rapporteurs, avocats et procureurs seront déchargés de la représentation des sacs et pièces des parties, cinq ans après le jugement des procès ; et après dix ans, lorsque les procès n'auront pas été jugés.* (*Louis XIV, 26 février* 1704). — (*Isambert*, T. XX, p. 442, n° 1882).

1704. — *Édit portant création des offices de syndics perpétuels dans chacune des communautés des procureurs, et avocats faisant fonction de procureurs, et huissiers des Cours supérieures, baillages, sénéchaussées et autres juridictions du royaume.* (*Louis XIV, Versailles, mars* 1704). — (*Isambert*, T. XX, p. 445, n° 1888).

Sur les *avocats faisant fonction de procureurs*, nous avons déjà cité l'édit du 8 août 1552 et l'ordonnance d'Orléans de janvier 1560. Il paraît que le cumul des deux fonctions n'eût lieu qu'en Anjou. Les stagiaires liront à ce sujet de curieux détails, dans l'article *Avocat*, n° 9, p. 751 de la *Collection de décisions nouvelles et de notions relatives à la jurisprudence, donnée par Me DENISART, mise*

12 *mai* 1717, exempte de toute permission préalable l'impression des Mémoires sur procès signés d'un avocat ou d'un procureur.

---

dans un nouvel ordre, corrigée et augmentée par MM. CAMUS, BAYARD et MEUNIER, avocats au Parlement (M DCC LXXXIII).

1704. — Legs de notre confrère DE RIPARFONDS pour la fondation de notre Bibliothèque et de notre Conférence.

J'en ai parlé dans mon Discours du 17 août 1857 (*Le Stage*).

1709. — *Déclaration portant que, conformément à l'arrêt du Conseil du* 21 *février* 1683, *les avocats aux Conseils et les avocats en Parlement garderont, entre eux, dans les assemblées générales et particulières, consultations, arbitrages et ailleurs, le rang et la préséance, suivant la date de leurs matricules.* (*Louis XIV, Versailles*, 6 *février* 1709). — (*Isambert*, T. XX, p. 538, n° 2099).

1710. — *Déclaration portant règlement pour l'exécution de l'art.* 15 *de l'édit d'avril* 1679 *et les déclarations des* 6 *août* 1682 *et* 19 *janvier* 1700, *qui concernent l'étude du droit civil et canonique, et la réception au serment d'avocat.* (*Louis XIV, Versailles*, 3 *avril* 1710). — (*Isambert*, T. XX, p. 547, n° 2137).

1711. — *Dictionnaire des Arrêts, ou Jurisprudence universelle des Parlemens de France, et autres tribunaux*, par BRILLON. — V° *Avocat*.

Les stagiaires trouveront à notre Bibliothèque l'édition de 1727.

Brillon, avocat au Parlement, et substitut du procureur-général au Grand-Conseil, né à Paris, le 15 janvier 1671, — mort le 29 juillet 1736.

1711. — *Règles pour former un Avocat, tirées des plus célèbres auteurs anciens et modernes*, par BIARNOY DE MERVILLE.

Les stagiaires trouveront cet ouvrage à la suite de l'*Histoire abrégée des Avocats*, par *Boucher-d'Argis*.

Biarnoy de Merville, avocat au Parlement de Paris, né à . . . . , le . . . . . . , — mort en décembre 1740.

17 . . — *Discours sur la profession d'Avocat*, par *Mathieu* TERRASSON.

Les stagiaires le trouveront à la Bibliothèque dans les *Œuvres de feu Mᵉ Ma-*

La célérité, si nécessaire aux procès, et la garantie des signatures, sont les motifs de cette juste exemption (1).

---

thieu Terrasson, écuyer, ancien avocat au Parlement, contenant plusieurs de ses Discours, Plaidoyers, Mémoires et Consultations, in-4°. Paris, 1737, p. 10.

L'éditeur, quoique fils de l'auteur, ne donne pas la date de ce discours.

Mathieu Terrasson, né à Lyon, le 13 août 1669, — mort à Paris, le 30 septembre 1734.

1713. — *L'Éloge et les Devoirs de la profession d'Avocat*, — sans nom d'auteur au titre, ni dans l'approbation du censeur ou dans le privilége.

Cet ouvrage est de FYOT DE LA MARCHE, *comte de Montpon*, conseiller au Parlement de Paris.

Fyot de la Marche, né à Dijon, le 1er décembre 1669, — mort à Paris, le 4 juillet 1716.

Cet ouvrage est à la Bibliothèque.

1713. — *Ordonnance qui défend de plaider ni d'écrire pour les parties aux îles de l'Amérique*. (*Louis XIV, Versailles*, 13 *mars* 1713). — (*Isambert*, T. XX, p. 600, n° 2208.

1716. — *BOURICII advocatus, sive de advocati munere et officio*. Magdebourg, 1716.

(1) *Déclaration portant défenses d'imprimer sans la permission du roi*. (*Régence du duc d'Orléans, Paris*, 12 *mai* 1717).

Isambert, T. XXI, p. 142, n° 130.

VIII.

Arrêt de réglement du 5 mai 1751 (1).

Le 5 *mai* 1751, le Stage est porté à quatre années, sur la proposition du bâtonnier Doulcet; et on supprime une sorte de tableau

(1) Entre le 12 mai 1717 et le 5 mai 1751, on trouve, notamment :

1723. — *Réglement du Conseil pour la librairie et imprimerie de Paris.* (*Louis XV, Versailles*, 28 *février* 1723), — qui renouvelle la Déclaration du 12 mai 1717. — (*Isambert*, T. XXI, p. 216, n° 279).

1724. — *Déclaration concernant la religion.* (*Louis XV*, 14 *mai* 1724), — qui défend de donner des lettres de licence à ceux qui ne rapporteront pas certificat de leur curé, attestant l'exercice de la religion catholique, apostolique et romaine. — (*Isambert*, T. XXI, p. 261, n° 303).

1733. — *Lettre ou Dissertation où l'on fait voir que la profession d'Avocat est la plus belle de toutes les professions.*

Lettres à M. ***, *où l'on examine si les juges qui président aux audiences peuvent légitimement interrompre les avocats lorsqu'ils plaident.*

Ces lettres, sans nom d'auteur, sont de COCQUARD, avocat au Parlement.

Les stagiaires les trouveront à la Bibliothèque.

M. Dupin a réédité la seconde lettre dans le *Recueil des pièces concernant la profession d'Avocat.*

Cocquard, né à Dijon, le 4 janvier 1700, — mort vers 1772.

1734. — *Dictionnaire de droit et de pratique, contenant l'explication des termes de droit, d'ordonnances, de coutumes et de pratique, avec les juridictions de France*, par M. Claude-Joseph DE FERRIÈRE, *doyen des docteurs-régents de la Faculté des droits de Paris, et ancien avocat au Parlement.* V[is] *Avocat, Éloquence du Barreau, Honoraires*, etc.

Cet ouvrage, commencé par Claude de Ferrière, père de Claude-Joseph de Ferrière, portait d'abord le titre d'*Introduction à la Pratique*. Il a, depuis, été

supplémentaire irrégulier qui s'ajoutait, par abus, au tableau normal (1).

---

augmenté par Boucher-d'Argis.

1736. — *Recueil de Jurisprudence civile*, par GUY DU ROUSSEAU DE LA COMBE, avocat au Parlement. V° *Avocat*.

Guy du Rousseau de la Combe, né . . . . , — mort en 1749.

1737. — *Tableau de l'Avocat*, par *Timothée, Fr., THIBAULT*, avocat en la Cour de Lorraine. Nancy, P. Antoine, 1737, in-12.

Cet ouvrage est à la Bibliothèque.

1738. — *Réglement concernant la procédure du Conseil.* (*Louis XV, Versailles, 28 juin* 1738). Le Titre XVII, seconde partie, s'occupe de la discipline qui doit être observée par les avocats au Conseil. — (*Isambert*, T. XXII, p. 42, n° 517).

1738. — *Réglement concernant la procédure qui doit être observée pour l'instruction des affaires renvoyées devant des commissaires nommés par arrêt du Conseil.* (*Louis XV, Versailles*, 28 *juin* 1738). — Entre autres dispositions, il règle le mode de recouvrement des frais avancés par l'avocat au Conseil. — (*Isambert*, T. XXII, p. 106, n° 518).

1738. — *Édit portant suppression de cent soixante-dix charges d'avocats aux Conseils, et création de soixante-dix autres.* (*Louis XV, Versailles, septembre* 1738). — (*Isambert*, T. XXII, p. 111, n° 523).

1739. — *Arrêt du Conseil concernant les solliciteurs de procès et les Avocats aux Conseils qui prêteraient leur nom.* (*Louis XV, Versailles*, 23 *février* 1739). — (*Isambert*, T. XXII, p. 115, n° 530).

1743. — *Arrêt du Conseil qui renouvelle les défenses faites à tous imprimeurs d'imprimer aucun mémoire pour les affaires portées dans les Conseils, qu'il ne soit signé d'un avocat, etc.* (*Louis XV*, 10 *décembre* 1743). — (*Isambert*, T. XXII, p. 166, n° 585).

(1) *Arrest de la Cour de Parlement, qui règle que les Avocats ne seront inscrits sur le Tableau, que lorsqu'ils auront suivi les audiences pendant quatre ans, et qu'ils ne peuvent signer des écritures qui passent en taxe qu'après ce temps.* (*Louis XV, Paris*, 5 *mai* 1751).

Jousse, Recueil d'Edits, etc., T. III, p. 677.

IX.

Parlement Maupeou (1).

Je n'ai pas à vous raconter les entreprises du chancelier Maupeou contre le Parlement qu'il avait présidé.

---

(1) Entre le 5 mai 1751 et novembre 1774, outre les ordonnances citées dans le texte, on trouve, notamment :

1753. — *Histoire abrégée de l'Ordre des Avocats par Antoine-Gaspard BOUCHER-D'ARGIS*, écuyer, avocat au Parlement, et conseiller au Châtelet.

L'auteur a composé cette histoire afin de suppléer à ce qui manquait aux *Règles pour former un Avocat*, de *Biarnoy de Merville;* et, dans l'édition de ces Règles faite en 1753, son travail fut placé au commencement du volume. Le nom seul de *Boucher-d'Argis* étant sur le titre, on l'a souvent regardé, mais à tort, comme l'auteur de l'un et l'autre ouvrage.

Boucher-d'Argis, né en 1708, — mort vers 1780.

1754. — *Collection de décisions nouvelles et de notions relatives à la Jurisprudence,* par *Jean-Baptiste DENISART,* procureur au Châtelet. V° *Avocat.*

De nombreuses éditions ont, successivement, augmenté cet ouvrage. La dernière dûe à MM. CAMUS, BAYARD et MEUNIER, et connue sous le nom de *Nouveau Denisart,* s'arrête à la lettre *H; M. CALENGE* a donné à cette édition un supplément qui s'arrête à la même lettre.

Denisart est né, à Iron, près Guise, en 1712, — mort, à Paris, le 4 février 1765.

1759. — *Arrêt du Conseil portant qu'une bibliothèque, composée de toutes les lois et règlements qui peuvent intéresser l'administration publique, sera attachée au contrôle général des finances, et qui la confie à un avocat qui portera le nom d'avocat des finances de S. M.* (*Louis XV, Versailles,* 31 octobre 1759), — (*Isambert,* T. XXII, p. 296, n° 782).

1764. — *Arrêt du Conseil concernant la bibliothèque des finances.* (*Louis XV, Versailles,* 18 *janvier* 1764), — qui porte qu'indépendamment du garde des archives, il sera nommé « deux avocats ou officiers de judicature, qui, sous le titre « d'avocats des finances, seront chargés de donner leur avis sur toutes les matières de

Mais il est utile de savoir en quoi ces entreprises touchèrent au Barreau qui prit parti pour ses magistrats.

1°

Déclaration du 22 février 1771.

D'abord, les officiers du Conseil, ayant été envoyés pour tenir la Cour de Parlement dont les charges étaient confisquées, une *Décla-*

« finances sur lesquelles ils seront consultés par le contrôleur général des finances « relativement aux rapports qu'elles peuvent avoir avec les lois et les formes de « l'ordre public. » — (*Isambert,* T. XXII, p. 397, n° 862).

1768. — *Édit portant règlement pour la police et discipline du Grand Conseil.* (*Louis XV, Versailles, janvier* 1768), — qui permet aux avocats au Conseil d'exercer près du Grand Conseil, à charge seulement d'y prêter serment. — (*Isambert,* T. XXII, p. 471, n° 940).

1769. — *Arrêt du Conseil qui défend aux parties de faire imprimer et distribuer aucun mémoire, consultation ou écrits au sujet des demandes en Cassation, en révision ou en contrariété d'arrêts, et à tous imprimeurs de les imprimer avant qu'il ait été ordonné que lesdites demandes seront communiquées.* (*Louis XV, Fontainebleau, 4 novembre* 1769). — (*Isambert,* T. XXII, p. 493, n° 982).

1771. — *Lettres patentes concernant les fonctions des Avocats au Conseil, et l'instruction des causes, instances et procès renvoyés et pendants aux requêtes de l'Hôtel.* (*Louis XV, Compiègne, 24 juillet* 1771), — qui distingue entre les différentes affaires pour ne donner droit exclusif aux Avocats au Conseil que sur quelques-unes. — (*Isambert,* T. XXII, p. 538, n° 1016).

1772. — *Lettres sur la profession d'Avocat et Bibliothèque choisie des livres de droit,* par CAMUS.

Cet ouvrage a eu plusieurs éditions.

Les Stagiaires doivent lire assidument les *Lettres de Camus,* et consulter souvent sa *Bibliothèque.*

Camus, avocat au Parlement de Paris, député à la Constituante et à la Convention,

ration du 22 février 1771 donna aux *Avocats aux Conseils* le droit de plaider et d'écrire devant le Parlement, concurremment avec nous (1).

2°

Édit de mai 1771.

Puis, au *mois de mai* 1771, les procureurs au Parlement sont supprimés; et, à leur place, on crée des *offices d'avocats du Parlement* (2).

3°

Édit de novembre 1774.

Mais Louis XVI monte sur le trône; un de ses premiers actes est de rappeler le Parlement, et un *Édit de novembre* 1774 abolit ces avocats postiches, en déclarant « que la création de ces offices n'était

---

Membre de l'Institut, etc., est né à Paris, le 2 avril 1740, — mort à Paris, le 2 novembre 1804.

1774. — *Déclaration portant règlement concernant les mémoires à consulter.* (*Louis XV, Versailles*, 18 *mars* 1774).

Nécessité d'un certificat de l'avocat, du procureur ou du greffier attestant l'existence de la contestation. Signature de l'avocat ou du procureur, pour tout écrit judiciaire. — (*Isambert*, T. XXII, p. 561, n° 1050).

(1) *Déclaration concernant les avocats aux Conseils.* (*Louis XV, Versailles*, 22 *février* 1771).

Isambert, T. XXII, p. 511, n° 997.

(2) *Édit portant suppression des Procureurs au Parlement de Paris, et création de cent avocats.* (*Louis XV, Versailles, mai* 1771).

Isambert, T. XXII, p. 528, n° 1011.

« d'aucun avantage et même, qu'en les laissant subsister, l'étude des « lois et de la jurisprudence serait bientôt abandonnée ou tellement « négligée que les sujets du roi ne pourraient plus trouver dans les « avocats le secours qu'ils ont droit d'en attendre (1). »

(1) *Édit portant suppression des Avocats au Parlement et rétablissement des Procureurs.* (*Louis XVI, Fontainebleau, novembre* 1774).

Les procureurs sont rétablis au nombre de 400, réductible à 200.

Les Avocats immatriculés continuent d'exercer ainsi qu'il en était usé avant les édits des mois de février et mai 1771.

Isambert, T. XXIII, p. 68, n° 78.

X.

Costumes, préséances, chevalerie, noblesse.

Je ne vous parlerai ni des Réglements sur les *costumes* (1), ni des arrêts sur les *préséances* (2) ou les *priviléges* (3), ni des *lois de la chevalerie* (4), à laquelle on a cherché à rattacher notre profession, ni enfin de celles qui nous accordaient ou nous fesaient entrevoir la *noblesse* (5) après un certain exercice de notre profession.

Ce sont des curiosités historiques qui ont leur intérêt, mais qui donneraient trop d'étendue à ce discours déjà trop long.

---

(1) Les stagiaires trouveront, dans *Fournel*, à chacune des périodes par lesquelles il a divisé notre histoire, un chapitre où il décrit les *costumes* que le Barreau a successivement adoptés ; et *Boucher-d'Argis* leur a consacré son chapitre VIII intitulé : *De l'habillement des Avocats*.

(2) Les stagiaires peuvent consulter, sur les *Préséances*, notamment : *Boucher-d'Argis*, chapitre XIX intitulé : *Des priviléges attachés à la qualité d'Avocat ; Camus* et *Bayard*, V° *Avocat*, § VII ; et *M. Mollot*, p. 144.

Ils y verront qu'en vertu de divers arrêts, les Avocats au Parlement avaient préséance sur les docteurs en droit, procureurs, notaires, médecins, substituts du procureur du Roi.

(3) Les stagiaires trouveront, dans les auteurs cités en la note précédente, la mention de divers priviléges dont jouissaient les Avocats au Parlement, tels que : Exemption de la collecte des tailles et autres impositions publiques ; droit d'éloigner de leur voisinage les professions bruyantes ; droit de n'être pas contraints par corps, lorsqu'ils sont revêtus de leur robe et se rendent au Palais ou en reviennent ; interdiction de saisir leurs livres ; interdiction de faire des significations à leurs clients dans leur cabinet ; droit de *Committimus*, auquel *Boucher-d'Argis* a consacré son vingtième chapitre ; droit (à Nancy) de se faire suppléer pour les gardes et parades, etc., etc.

(4) Les stagiaires doivent lire, sur la *Chevalerie*, dans ses rapports avec la profession d'Avocat, une Dissertation très-curieuse de *Fournel*, T. 1, p. 270 et suiv., où il cite *Bouteiller*, *Sainte-Palaye* et autres.

(5) Voir, sur la *Noblesse*, *Boucher-d'Argis*, chap. XIX ; *Camus* et *Bayard*, V° *Avocat*, § VII ; *Fournel*, T. 1, p. 179 et suiv.

XI.

Tradition (1).

Si aux textes des lois et des Réglements dont je viens de vous entre-

---

(1) Avant d'arriver au résumé des fonctions d'Avocat, telles que les avaient faites les *lois*, les *réglements* et la *tradition*, nous avons à noter, ici, les Documents qui se sont produits de novembre 1774 à novembre 1789.

Ce sont, notamment :

1775. — *Arrêt du Conseil qui défend l'impression des requêtes en cassation avant qu'elles soient communiquées.* (*Louis XVI, Versailles*, 18 *décembre* 1775). — (*Isambert*, T. XXIII, p. 289, n° 334).

1776. — *Arrêt du Conseil portant que le droit de marc d'or de noblesse sera payé par les conseillers, avocats et procureurs du Châtelet de Paris, d'après le tarify déterminé, à moins que les récipiendaires ne soient déjà nobles.* (*Louis XVI, Versailles*, 9 *février* 1776). — (*Isambert*, T. XXIII, p. 348, n° 371).

1776. — *Arrêt du Conseil qui supprime différents imprimés relatifs à la suppression des jurandes des communautés d'arts et métiers, fondé sur ce qu'il n'est permis aux avocats d'imprimer des mémoires que dans les affaires contentieuses, et sur ce que le droit de remontrance sur les lois n'appartient qu'aux Cours.* (*Louis XVI, Versailles*, 22 *février* 1776). — (*Isambert*, T. XXIII, p. 357, n° 387).

1777. — *Répertoire universel et raisonné de Jurisprudence civile, criminelle, canonique et bénéficiale*, par GUYOT. V° *Avocat.*

MERLIN, qui avait fourni un grand nombre d'articles à cet ouvrage, en a publié plusieurs éditions, avec des additions nombreuses, de telle sorte que ce Recueil n'est plus connu que sous le nom de *Répertoire de Merlin*. La cinquième édition est de 1827.

Il serait à désirer qu'on publiât une sixième édition, dont les matériaux ont été préparés par *Merlin*, aidé de notre confrère *M. Leblond*.

L'auteur de l'article *Avocat* est DAREAU.

Guyot a été juge au Tribunal de cassation.

Merlin, procureur-général à la Cour de Cassation, né, à Arleux, le 30 octobre 1754, — mort le 26 décembre 1838.

1777. — *Règlement pour les procédures dans les établissements français de*

tenir, on joint les usages que nous a transmis la tradition, voici ce qu'on peut dire, à peu près, de l'organisation de l'ancien Barreau :

Admis au serment, après avoir obtenu le titre de licenciés, et subi une épreuve spéciale, les avocats n'acquéraient complètement leur profession que par l'inscription au Tableau où les conduisait un Stage

---

l'Inde. (*Louis XVI, Versailles,* 22 *février* 1777). — Les formes de procédure indiquées par ce réglement sont adoptées « pour suppléer à toute instruction et écriture « des Avocats et Procureurs *ad lites,* dont le ministère ne sera nécessaire ni même « admis en aucun cas » (Art. 17). — (*Isambert,* T. XXIV, p. 350, n° 620).

1777. — *Édit qui sépare les fonctions d'avocat et de procureur dans les sénéchaussée et présidial du Mans.* (*Louis XVI, Versailles, mars* 1777). — (*Isambert,* T. XXIV, p. 387, n° 644).

1777. — *Édit portant réglement pour la juridiction des présidiaux.* (*Louis XVI, Versailles, août* 1777). — Il permet aux juges qui ne sont pas en nombre suffisant d'appeler « d'anciens gradués non suspects aux parties, au nombre de trois au plus » (Art. 24). — (*Isambert,* T. XXV, p. 84, n° 734).

1777. — *Arrêt du Parlement qui porte que les Avocats ne peuvent être désavoués.* (*Louis XVI, Paris,* 20 *août* 1777). — (*Isambert,* T. XXV, p. 98, n° 745).

1778. — *Lettres patentes portant approbation du tarif des frais et dépenses pour les procureurs au Parlement de Paris.* (*Louis XVI, Marly,* 23 *mai* 1778). — Dans ce tarif il est parlé de certaines écritures réservées aux Avocats. — (*Isambert,* T. XXV, p. 291, n° 886).

1778. — *Réglement sur le Conseil des prises et la forme d'y procéder.* (*Louis XVI, Versailles,* 19 *juillet* 1778). — On y règle la marche à suivre par les avocats chargés. — (*Isambert,* T. XXV, p. 338, n° 912).

1782. — *Arrêt du Conseil souverain qui déclare qu'à l'avenir il ne sera plus donné d'autorisation aux avocats pour faire les fonctions de procureur dans la Colonie.* (*Louis XVI,* 5 *janvier* 1782). — Code de la Martinique, T. III, p. 516. — (*Isambert,* T. XXVII, p. 141, n° 1602).

1785. — *Arrêt du Parlement portant que les notables et adjoints aux bureaux d'administration des colléges seront choisis parmi les nobles, les avocats et les*

de quatre ans, consacré à suivre les audiences, à faire des écritures, et à pratiquer les exercices de la Conférence.

Quant à leur place au Tableau, ils ne la conservaient que par un exercice réel.

Mais, dès qu'ils étaient inscrits sur ce Tableau annuellement arrêté

---

chefs de famille âgés de trente ans, domiciliés dans la ville, et que les deux premiers officiers municipaux seront membres du bureau. (*Louis XVI, Paris,* 8 *mars* 1785). — (*Isambert*, T. XXVIII, p. 17, n° 2051).

1786. — *Arrêt du Conseil qui fait défenses à toutes personnes, sans exception autres que les avocats au Conseil du Roi, de signer ni faire imprimer aucune requête, mémoire, etc., dans les affaires portées ou à porter au Conseil ; et aux imprimeurs, de les imprimer, si la minute n'en a été signée préalablement d'un avocat aux Conseils.* (*Louis XVI, Versailles, 2 juillet* 1786).

Cet arrêt renouvelle, sur ce point, ceux des 9 mars 1723, 7 mai 1725, 27 février et 17 octobre 1740, 27 nov. 1741, 10 décembre 1743, 24 mai 1745, 16 juin 1746, 24 juillet 1747, 24 octobre 1749, 4 septembre 1752, 25 février 1758, 30 avril 1759, 14 septembre 1761 et 8 août 1777. — (*Isambert*, T. XXVIII, p. 209, n° 2242).

1786. — *Les trois âges de l'Avocat*, discours prononcé par BONNET (*Louis-Ferdinand*), avocat au Parlement, bâtonnier en 1817-1818, conseiller à la Cour de Cassation.

Bonnet, célèbre par la défense du général Moreau, est né, à Paris, le 8 juillet 1760, — mort, à Paris, le 6 décembre 1839.

1780. — *Mémoire pour les Avocats du bailliage de Nogent-le-Rotrou contre Pierre Gouhier, ci-devant savetier dans la même ville*, avec cette épigraphe : *Ne sutor ultra crepidam*, par TRONSON DU COUDRAY, avocat au Parlement.

Un ancien savetier, qui a vieilli dans son état, peut-il forcer l'Ordre des Avocats de l'admettre dans son sein?

Les stagiaires trouveront ce Mémoire dans le *Barreau français*, collection des chefs-d'œuvre de l'Éloquence judiciaire en France, recueillis par CLAIR et CLAPIER (Panckoucke, 1823), T. X, p. 362.

Tronson du Coudray, né, à Reims, le 18 novembre 1750, — mort, à Synamari, le 22 juin 1798.

par le Conseil et déposé au greffe par le Bâtonnier, ils pouvaient parler et écrire devant toutes les juridictions ; et le simple *exeat* du chef de l'Ordre leur suffisait hors des limites du ressort. Le Répertoire de Merlin va jusqu'à dire : « Un grand privilége attaché à la « profession de l'Avocat, c'est cette liberté qu'il a de l'exercer quand « il lui plaît et où il lui plaît. *L'Avocat a le globe pour territoire* (1). »

C'est beaucoup dire, peut-être, et donner à nos pères plus qu'ils n'avaient envie d'en prendre, — et à nous, plus que nous n'en désirons, même aujourd'hui, — quoique nos consultations puissent porter sur la législation de tous les peuples ; qu'elles nous soient, quelquefois, demandées pour les pays les plus éloignés ; que notre droit de plaider suive, partout où il flotte, le drapeau de la France ; et que, plus d'une fois, des tribunaux étrangers aient accueilli avec faveur une Plaidoirie française.

L'ancienneté était entourée de respect, et dix ans d'exercice donnaient le titre d'*ancien*.

Cependant, et malgré les droits de l'ancienneté, un régime tout d'élection les gouvernait, modèle ou copie de celui auquel devait une grande partie de sa gloire le vieux Parlement, recruté parmi nous.

Le Bâtonnier était élu en assemblée générale.

Ce chef de l'Ordre avait, quant à l'administration, un pouvoir très-étendu et sans contrôle (2).

Les autres points étaient réglés en un Conseil qu'il présidait, composé des anciens bâtonniers et de vingt avocats élus par tous les membres de l'Ordre.

---

(1) V° *Avocat*. L'article est de M. *Dareau*.

(2) Le plus ancien bâtonnier connu est *Denis Doujat* (1617). Avant la création du Bâtonnier, le Doyen était chef de l'ordre.

Ces vingt membres furent, pendant longtemps, nommés en assemblée générale. Mais, en 1662, les avocats furent assez nombreux pour qu'ils crussent nécessaire de diviser le Tableau en dix colonnes.

Chaque colonne eut, dès lors, ses assemblées particulières, et nomma, pour le Conseil, deux députés qui la représentaient et lui rendaient compte des délibérations.

Les fonctions de Bâtonnier étaient annuelles.

Celles de député duraient deux années, et le plus ancien des deux était, chaque année, soumis à l'élection.

Les uns et les autres étaient rééligibles.

La profession était incompatible avec les charges érigées en offices; les places auxquelles des gages étaient attachés; celles qui rendent subalterne, et, en général, avec toute profession qui peut faire l'occupation capitale d'un homme; — car, ainsi que Loisel le fait dire à Pasquier, *le Barreau veut son homme tout entier* (1).

On n'y admettait pas les gens d'inconduite notoire.

Ni les juifs, ni les hérétiques, ni les excommuniés n'y pouvaient entrer.

La discipline intérieure appartenait exclusivement à l'Ordre lui-même.

Sa juridiction frappait de la *réprimande secrète* ou *publique*, de la *suspension*, de la *restitution* et de la *radiation*, prononcées soit par le Conseil, soit, en cas de réclamation, par l'assemblée générale.

En dehors du Conseil et de toute peine officielle, l'avocat indigne d'estime recevait de ses confrères l'affront du *refus de communiquer*, qui le chassait, bientôt, du palais.

Au cas de radiation, l'avocat pouvait en appeler au Parlement.

Le procureur-général n'avait pas le droit d'appel.

(1) *Pasquier* ou *Dialogue des advocats du Parlement.*

Dans ce Code pénal, on ne retrouve plus l'*amende*, jadis imposée par le Parlement à ceux qui plaidaient une cause évidemment mauvaise. Cette peine existait, encore, en 1602, et la malicieuse bonhommie de Loisel nous a conservé le souvenir d'un de ses contemporains, nommé Berthe, de petite taille, à qui le résultat fâcheux de quelques plaidoiries avait attiré le désagréable surnom de *petit amendier* (1).

Comme, aussi, avait disparu des usages du Parlement, celui de consulter nos anciens; — usage fréquemment pratiqué jadis et qu'on retrouve encore au commencement du XVIIe siècle.

---

(1) *Pasquier* ou *Dialogue des advocats du Parlement.*

XII.

Loi du 5 novembre 1789.

Telle était notre profession en, 1789 (1).

Et vous pouvez facilement concevoir quel honneur y était attaché et de quelle estime étaient entourés les hommes utiles qui

(1) Nous avons, autant que possible, restreint nos recherches et nos indications aux lois et réglements généraux de notre profession :

Les stagiaires qui voudront savoir ce que disaient, sur les avocats, les *Coutumes particulières*, pourront consulter dans le COUTUMIER GÉNÉRAL de BOURDOT DE RICHEBOURG, notamment les coutumes suivantes qui s'étendent un peu hors de France et comprennent les provinces autrefois connues sous le nom de *Gaules :*

Auvergne :

Les coutumes générales du haut et bas pays d'Auvergne. (1510) ; ch. IV, — Coutumier général, T. IV, p. 1161.

Béarn :

Fors et costumas de Béarn (1551), Rubrica deus advocats, art. 1, — IV, 1071.

Bourbonnais :

Coustumes générales du pays et duché de Bourbonnois (1521); chap. v, art. 45, III, 1193, 1231.

Bretagne :

La très-ancienne coustume de Bretaigne (1330); chap. XVIII, — IV, 204.

Coustumes générales des pays et duché de Bretaigne (1539); chap. III, — IV, 296.

Coustumes générales des pays et duché de Bretagne, nouvellement réformées et rédigées par écrit..... (1560) ; chap. III, — IV, 366.

Bruxelles :

Coutumes de Brusselle ; — tit II, art. 49, — I, 1238.

Furne :

Les lois, coustumes et statuts de la ville et chastellenie de Furne (1615) ; tit. LVII, art., 1 n°s 8 et 9, — I, 677.

Hainaut :

Lois, chartes et coutumes du noble pays et comté de Hainaut (1534) ; chap. LVI LXVI, LXVII, — II, 9, 13, 14.

Chartes nouvelles du pays et comté de Hainaut (1619) ; chap. LXV, LXVII, LXVIII,

figuraient dans ses rangs; alors, surtout, que, suivant scrupuleusement ses préceptes, ils lui rendaient une partie de l'éclat qu'ils recevaient d'elle.

LXXI (art. 1), LXXVIII (art. 15, 16, 17, 18 et 19), LXXIX (art. 5 et 6), LXXXIII, LXXXIV (art. 1 et 2), LXXXVIII (art. 1, 5 et 14), CXXXVI (art. 6 et 7), — II, 97, 98, 100, 108, 112, 114, 116, 118, 151.

Cette coutume est l'une des plus complètes et des plus détaillées, relativement à notre profession.

Ipre :

Les coutumes, lois et statuts de la ville et bourgeoisie d'Ipre (1619); rub. 3, art 1. n°s 17, 33, 34, — I, 880, 881.

Liége :

Ordonnances et statuts de son Altesse sur le réglement de la justice en son pays de Liége (1589); art. 77, 79, 100, 101, 102, — II, 317, 318.

La Marche :

Coutumes générales du haut pays du Comté de la Marche (1521); chap. IV, — IV, 1103.

Mecklembourg :

Leges municipales civium Mechliniensium (1535); tit. I, art. 1, § 47, — I, 1210.

Metz :

Ordonnances de la ville et cité de Metz et pays Messin (1564); tit. I, art. 4, 13, 14, 19, — II, 373 et 374.

Nieuport :

Les coutumes et usages de la ville de Nieuport (1615); rub. 4, art. 1, n°s 48 et suiv., — II, 737.

Normandie :

Le grand coustumier du pays et duché de Normendie, très-utile et profitable à tous practiciens (1539); chap. LXIV et LXV, — IV, 27.

Poperinghe :

Les coutumes et usage de la ville, élection et juridiction de Poperinghe (1620); tit. XIV, art. 1, n°s 30 et 31, — I, 942.

Rousselare :

Les coutumes, lois et statuts de la ville et bourgeoisie de Rousselare (1624); Rub. 23, — I, 919.

Aussi, la Révolution lui paraît d'abord favorable, puisque la *loi du 3 novembre* 1789 commence par donner la publicité aux débats criminels et l'assistance d'un défenseur aux accusés (1).

Sole :

Coustumes générales du pays et vicomté de Sole (1520); tit. VIII, — IV, 983.

Thionville :

Coutumes générales de la ville de Thionville et des autres villes et lieux du Luxembourg François (1661); tit. IV, art. 24, — II, 561.

Valenciennes :

Coutumes de la ville, banlieu et chef-lieu de Valenciennes (1619); chap. XXXI, art. 211 et 213, — II, 253.

Le livre de *Bourdot de Richebourg*, que les stagiaires trouveront à la Bibliothèque, est intitulé : *Nouveau Coutumier général ou corps des coutumes générales et particulières de France et des provinces connues sous le nom de Gaules, par Bourdot de Richebourg, Paris*, 1724; 4 vol. in-fol.

Bourdot de Richebourg (Charles-Antoine), avocat au Parlement de Paris, né . . . . , — mort le 11 décembre 1735.

(1) **8 et 9 octobre, 3 novembre 1789.** — (*Lett. Pat.*). — *Décrets sur la réformation de quelques points de la jurisprudence criminelle.*

Art. 10 et art. 12, Conseil de l'accusé; — Conseil d'office; — art. 11, Publicité de l'instruction; — art. 18, Présence du Conseil à tous les actes de l'instruction; — art. 21. Présence du Conseil à l'audience; — Défense.

Collection complète des lois, décrets, ordonnances, réglements, avis du Conseil-d'État, publiée sur les éditions officielles du Louvre, de l'Imprimerie nationale, par Baudoin, et du Bulletin des lois (de 1788 à 1830 *inclusivement, et par ordre chronologique), continuée, depuis* 1830, *avec un choix d'actes inédits, d'instructions ministérielles, et des notes sur chaque loi, indiquant:* 1° *les lois analogues;* 2° *les décisions et arrêts des tribunaux et du Conseil-d'État;* 3° *les discussions rapportées au Moniteur; suivies d'une table analytique et raisonnée des matières*; par *J.-B. DUVERGIER*, avocat à la Cour royale de Paris. — T. I, p. 48.

XIII.

Décret du 16 août 1790.

Mais, bientôt, on s'apprête à détruire l'ancien édifice judiciaire.

Par son *décret du 16 août* 1790, la Constituante proclame : « qu'en « toute matière, civile ou criminelle, les plaidoyers, rapports et juge- « ments seront publics, et que tout citoyen a le droit de défendre, « lui-même, sa cause, soit verbalement, soit par écrit. »

Elle soumet les juges à l'élection, impose l'arbitrage aux procès de famille, crée les justices de paix, déclare que le bureau de paix, composé du juge et de ses assesseurs, « sera en même temps bureau « de *jurisprudence charitable*, chargé d'examiner les affaires des « pauvres, de leur donner des conseils et défendre ou faire défendre « leurs causes; » elle ajoute que le service fait dans ce bureau par *les hommes de loi* « leur vaudra l'exercice public des fonctions de « leur état auprès des tribunaux, et que ce temps leur sera compté « pour l'éligibilité aux places de juge (1) ».

C'est la première fois que, dans un document législatif, le mot d'*homme de loi* est substitué à celui d'*avocat*.

---

(1) **16-24 août 1790.** — *(Lett. Pat.).* — *Décret sur l'organisation judiciaire.*

Titre II, art. 3, Élection des juges; — art. 9, Nécessité d'avoir été juge ou homme de loi pendant cinq ans; — art. 14, Publicité des débats, Droit de défense; — tit. III, art. 1 et suiv., Création des juges de paix; — tit. X, art. 1 et suiv., Bureaux de paix; — art. 8, Bureau de jurisprudence charitable; — art. 9, Hommes de loi, exercice public des fonctions de leur état; — art. 12 et suiv., Arbitrage forcé, Procès de famille.

Duvergier, T. I, p. 310.

XIV.

Décret du 2 septembre 1790.

Cette éligibilité, exigeant cinq ans d'exercice, le *décret du 2 septembre* 1790 déclare que les termes d'*hommes de loi* désignent, *provisoirement et pour la prochaine élection*, les gradués en droit admis au serment d'avocat et ayant exercé cette profession dans des siéges de justice royale ou seigneuriale, en plaidant, écrivant ou consultant. Puis, il règle le costume des juges, des commissaires du Roi, des greffiers et des huissiers, et porte : « que les hommes « de loi, ci-devant appelés avocats, ne devant former ni ordre ni « corporation, n'auront aucun costume particulier dans leurs fonc- « tions (1). »

Ainsi fut aboli l'Ordre des Avocats. Grande faute, à mon avis ! car s'il est juste de beaucoup accorder au désir et au besoin légitimes de réorganiser l'administration judiciaire sur des bases plus en harmonie avec les idées nouvelles, il ne faut pas oublier qu'il est des professions pour lesquelles l'intérêt de la société exige des études et une moralité dont la loi peut imposer les preuves, sans blesser, en rien, l'égalité civile ; et que, par conséquent, on ne doit pas détruire la discipline qui entretient ces études nécessaires et maintient cette précieuse moralité.

On a écrit en s'appuyant sur quelques-unes des conditions exigées par ce décret, que la Constituante n'avait fait que changer le nom des

---

(1) **2 septembre (25 août-11 septembre) 1790.** — *Décret sur l'organisation judiciaire.*

Art. 5, Hommes de loi ; — art. 10, costume.

Duvergier, T. 1, p. 354.

avocats (1). C'est une erreur, puisqu'elle a détruit leur discipline et anéanti le lien qui les unissait.

D'ailleurs, le décret interprétatif qui appelait *homme de loi* le gradué plaidant ou écrivant près des tribunaux n'était qu'un décret fait pour la circonstance particulière de l'élection. Et on ne le suivit que pour cette circonstance.

---

(1) *Nouveau Denisart*, V° *Avocat* (addition). T. XI. — L'article est de CALENGE.

CHAPITRE DEUXIÈME.

DEPUIS LE 2 SEPTEMBRE 1790.

SECTION Ire.

De la Révolution à l'Empire.

I.

Décret du 29 janvier 1791 (1).

La Constituante, il est vrai, offrit, quatre mois après, un dédommagement aux plaideurs et aux avocats.

Le *décret du* 29 *janvier* 1791 créa des *Avoués* pour « régulariser « les procédures et mettre les affaires en état, avec le droit de dé- « fendre les parties, soit verbalement, soit par écrit, pourvu qu'ils « fussent expressément autorisés par leurs cliens. »

Quant aux parties, leur droit fut réservé « de se défendre elles- « mêmes verbalement et par écrit ou d'employer le ministère d'un « *défenseur officieux* pour leur défense, soit verbale, soit orale. »

C'est ainsi que le mot d'*homme de loi* fut, d'abord, remplacé par celui de *défenseur officieux*.

Et le dédommagement consista en ceci, que les avocats inscrits au Tableau furent, comme les anciens conseillers et les juges, admis, *de*

(1) Entre le 2 septembre 1790 et le 29 janvier 1791, on trouve, notamment :

12-13 octobre 1790. — *Décret sur l'installation des nouveaux juges des tribunaux de district, et l'exercice de leurs fonctions en matière civile et criminelle ;* — qui, aux cas déterminés, permet d'appeler les suppléants des juges, et autant de gradués qu'il en sera besoin. (*Duvergier*, T. 1, p. 407).

droit, à remplir les fonctions d'avoué, en se faisant inscrire au greffe, et en prêtant le serment civique et celui de remplir leurs fonctions avec exactitude et fidélité (1).

---

(1) **29 janvier, 20 mars 1791** (**et 15, 16, 17, 18 décembre 1790**). — *Décret concernant la suppression des offices ministériels et l'établissement des avoués.*

Art. 3. — « Il y aura auprès des tribunaux de district des officiers ministériels ou « avoués, dont la fonction sera exclusivement de représenter les parties, d'être « chargés et responsables des pièces et titres des parties, de faire les actes de forme « nécessaires pour la régularité de la procédure et mettre l'affaire en état.

« Ces avoués pourront même défendre les parties, soit verbalement, soit par « écrit, pourvu qu'ils soient expressément autorisés par les parties, lesquelles « auront toujours le droit de se défendre elles-mêmes verbalement et par écrit, ou « d'employer le ministère d'un défenseur officieux pour leur défense, soit verbale, « soit par écrit. »

Art. 4. — . . . . « les ci-devant avocats inscrits sur les tableaux « dans les lieux où ils étaient en usage, ou exerçant publiquement près les siéges ci-« dessus désignés (Parlements, Cours des aides, Conseils supérieurs, Présidiaux, Bail-« liages et autres Siéges royaux), seront admis de droit à remplir près des tribunaux « de district, où ils jugeront à propos de se fixer, les fonctions d'avoués en se faisant « préalablement inscrire au greffe desdits tribunaux. »

Art. 5. — « Les juges, avocats et procureurs fiscaux des ci-devant justices sei-« gneuriales ressortissant nuement aux cours supérieures, les avocats gradués avant « le 4 août 1789, et les procureurs en titre d'office en vertu de provisions, ayant « exercé près lesdites justices, seront admis à remplir les fonctions d'avoués près « des nouveaux tribunaux. »

Art 6. — « Les avocats reçus dans les ci-devant Cours et Siéges royaux avant « le 4 août 1789 ;

« Ceux qui ont été reçus après cette époque, en vertu des grades obtenus sans « bénéfice d'âge, ni dispense d'âge, ni d'étude ;

« Les premiers clercs de procureurs..... etc., seront admis à faire les fonctions « d'avoués en s'inscrivant au greffe des tribunaux. »

Art. 8. — « Tous ceux qui sont admis à s'inscrire au greffe des tribunaux, en qua-

§

Mais, bientôt, sous ce nom de *défenseur officieux*, une foule d'hommes sans garanties, sans moralité, et sans capacité envahit les tribunaux.

« lité d'avoués, ne pourront en remplir les fonctions qu'après avoir prêté devant « ces tribunaux le serment civique, et celui de remplir leurs fonctions avec exac- « titude et fidélité. »

Duvergier, T. II, p. 184.

II.

Décret du 6 mars 1791.

Ce nouveau titre remplace si bien, d'abord, celui d'*homme de loi*, que ceux-ci passent, au premier moment, avec les avocats et les procureurs, dans la catégorie, si nombreuse alors, des *ci-devant*.

On voit, en effet, dans le *décret du 6 mars* 1791 qu'aucun avoué, greffier, huissier et *ci-devant homme de loi* ou *procureur* ne pourront représenter les parties aux bureaux de paix.

Quant aux *défenseurs officieux*, ils durent, devant le tribunal du district, être porteurs de pouvoirs, à moins d'être assistés de la partie ou de l'avoué.

Le décret leur interdit de cumuler leurs fonctions avec celles de juges ou de commissaires du Roi. Mais, il leur permet d'être suppléants (1).

---

(1) **6-27 mars 1791.** — *Décret relatif au nouvel ordre judiciaire.* *Duvergier*, T. II, p. 240.

III.

Décret du 22 prairial an II (1).

Le décret du 2 septembre 1790 avait commis une faute en supprimant l'Ordre des Avocats, parce que l'organisation de notre profession, parfaitement compatible avec les nouveautés de la Révolution, n'avait jamais eu pour but et pour résultat que l'utilité publique.

Mais lorsque *le 22 prairial an II*, la Convention, après avoir écrit la mort pour seul Code pénal du tribunal révolutionnaire, déclara, comme seizième règle de sa procédure, que « la loi donnait pour dé« fenseurs aux patriotes calomniés des jurés patriotes et qu'elle n'en « accordait pas aux conspirateurs, » alors, ce ne fut plus une faute, ce fut un crime; — je ne connais pas d'autre nom pour les actes de ceux qui, à quelle qu'époque que ce soit, sous prétexte de salut public,

---

(1) Entre le 6 mars 1791 et le 22 prairial an II, on trouve, notamment :

19-22 juillet 1791. — *Décret relatif à l'organisation d'une police municipale et correctionnelle.*

Il autorise le ministère d'un défenseur officieux (art. 60, tit. II, intitulé : Police correctionnelle). (*Collection générale des décrets rendus par l'Assemblée nationale.* — *Baudouin, imprimeur de l'Assemblée nationale.* Juillet 1791, p. 215. — *Duvergier,* T. III, p. 114.)

13-14 septembre 1791. — *Constitution française.*

« En matière criminelle, l'instruction sera publique, et l'on ne pourra refuser aux « accusés le secours d'un conseil. » (Tit. III, chap. X, art. 9). — (*Baudouin,* septembre 1791, p. 10. — *Duvergier,* T. III, p. 259).

16-29 septembre 1791. — *Décret concernant la sûreté, la justice criminelle et l'établissement des jurés.*

Tit. VI, art. 15. — « Tout accusé pourra faire choix d'un ou deux amis pour l'aider « et lui servir de conseil dans sa défense, sinon le président lui en désignera un ;

emprisonnent, exilent ou tuent, sans souci de la justice, de ses maximes tutélaires, de ses formes protectrices et de son fondement éternel, la *libre défense des accusés.*

(*Applaudissements.*)

Vous avez raison d'applaudir, mes enfants, car la libre défense des accusés, c'est le bouclier de l'innocence, c'est l'arme de la vérité, c'est le Palladium de la fortune, de la vie et de la liberté! Quand on l'a perdue, c'est un deuil à porter, dont on ne peut prévoir la fin;

« mais les conseils ne pourront jamais communiquer avec l'accusé que lorsqu'il aura « été entendu. »

Tit. VII, art. 15. — « Les conseils prêteront serment de n'employer que la vérité « dans la défense des accusés, et seront tenus de s'exprimer avec décence et modé- « ration. »

Tit. VIII. *art.* 6. — « Le président demandera à l'accusé s'il n'a rien à dire pour « sa défense : lui, ses amis ou *conseils* ne pourront plus plaider que le fait est faux, « mais seulement qu'il n'est pas défendu ou qualifié crime par la loi, ou qu'il ne « mérite pas la peine dont le commissaire du roi a requis l'application. » (*Duvergier*, T. III, p. 289).

26-29 janvier 1793. — *Décret qui oblige les avoués, hommes de loi et les huissiers à produire un certificat de civisme pour être admis à exercer leurs fonctions.*

L'article 2 exige pareil certificat pour la continuation des fonctions de ceux qui sont en exercice. — (*Baudouin*, janvier 1793, p. 109; — *Duvergier*, T. V, p. 127).

24 juin 1793. — *Acte constitutionnel, précédé de la Déclaration des droits de l'homme et du citoyen présenté au peuple français par la Convention nationale.* — On y lit :

« En matière criminelle..... les accusés ont des conseils choisis par eux, ou nom- « més d'office. » — (*Baudouin*, juin 1793, p. 208. — *Duvergier*, T. V, p. 352).

12-16 juillet 1793. — Décret qui ordonne le transport des livres de jurisprudence de la Bibliothèque des ci-devant avocats dans celle du Comité de législation,

tant qu'elle existe, il n'est rien dans la société civile dont on doive désespérer! (1)

---

et qui accorde des récompenses aux auteurs d'ouvrages utiles sur les lois civiles et criminelles. — (*Baudouin*, juillet 1793, p. 81).

Duvergier, T. VI, p. 14, ne donne que le titre du décret.

3 brumaire an II (24 octobre 1793). — *Décret qui détermine une nouvelle forme pour l'instruction des affaires devant les tribunaux, et supprime les fonctions d'avoué.* — (*Duvergier*, T. VI, p. 250).

(1) **22 prairial an II (10 juin 1794).** — *Loi concernant le tribunal révolutionnaire.*

Bulletin des lois, 1re série, bulletin n° 1, loi n° 1.

Duvergier, T. VII, p. 190.

Le Bulletin des lois a été créé par une loi des 14-16 frimaire an II (4-6 décembre 1793).

IV.

Loi du 6 brumaire an V. — Arrêté des Consuls du 7 messidor an IX. — Loi du 5 germinal an XI. — Arrêté du 21 frimaire an XII (1).

La République ne réglementa ni les *hommes de loi*, ni les *défenseurs officieux*.

Mais elle s'occupa d'eux indirectement.

1°

Ainsi, en l'an V, le Directoire fit rendre, le 6 *brumaire*, une loi qui ordonna aux tribunaux de département de nommer « trois citoyens « probes et *éclairés*, qui formeront un conseil officieux chargé de « *consulter* et *défendre* gratuitement les affaires des *défenseurs de la*

---

(1) Entre le 22 prairial an II et le 21 frimaire an XII, on trouve, notamment :

5 fructidor an III (22 août 1795). — *Constitution de la République française.*

L'instruction devant le Jury de jugement est publique, et l'on ne peut refuser aux accusés le secours d'un conseil, qu'ils ont la faculté de choisir, ou qui leur est nommé d'office (art. 252) — (*Duvergier*, T. VIII, p. 223).

3 brumaire an IV (25 octobre 1795). — *Code des délits et des peines.*

En simple police, nul défenseur officieux admis ; — admis en police correctionnelle ; — nécessaire au tribunal criminel ; à qui n'en a pas, le président en nomme un d'office ; — serment de n'employer que la vérité dans la défense de l'accusé ; — Droit de parler le dernier. — (*Bulletin des lois*, I, bulletin 204, 1221. — *Duvergier*, T. VIII, p. 386).

13 brumaire an VII (3 novembre 1798). — *Loi sur le Timbre.*

Art. 12. — « Sont assujettis au timbre............ les consultations, mémoires, « observations et précis signés des hommes de loi et défenseurs officieux. » — (*Bulletin des lois*, II, bulletin 237, 2136. — *Duvergier*, T. II, p. 33).

27 ventôse an VIII (18 mars 1800). — *Loi sur l'organisation des tribunaux.* — L'article 93 établit des avoués près des tribunaux de Cassation, d'Appel et de Première Instance, où, seuls, ils pourront postuler et conclure. « Néanmoins, les par-

« *patrie* et des autres citoyens absens pour le service des armées de « terre et de mer (1). »

2°

Cette création tutélaire d'un Comité consultatif fut successivement étendue aux hospices par un *Arrêté des Consuls du 7 messidor an IX ;* aux transactions des Mineurs par la *Loi du 5 germinal an XI;* et aux Communes et établissements publics par un Arrêté des Consuls du 21 *frimaire an XII* (2), — qui, parlant d'une manière plus explicite exigèrent l'avis de trois « *Jurisconsultes.* »

« ties pourront toujours se défendre elles-mêmes, verbalement et par écrit, ou faire « proposer leur défense par qui elles jugeront à propos. » — (*Bulletin des lois*, III, bulletin 15, 103. — *Duvergier*, T. XII, p. 151).

(1) **6 brumaire an V (27 octobre 1796)**. — *Loi contenant des mesures pour la conservation des propriétés des défenseurs de la patrie*, art. 1.

Bulletin des lois, II, bulletin, 85, 811.
Duvergier, T. IX, p. 208.

(2) **7 messidor an IX (26 juin 1801)**. — *Arrêté relatif aux rentes et domaines nationaux affectés aux hospices*, art. 11.

Bulletin des lois, III, bulletin 86, 712.
Duvergier, T. XII, p. 439.

5-15 germinal an XI (26 mars-6 avril 1803). — *Loi sur la Minorité, la Tutelle et l'Émancipation*, art. 461.

Cette loi fait partie du Code Napoléon et forme le Tit. x, Liv. I, portant le même intitulé, de l'article 388 à 487.

L'article 461 est devenu l'article 467.

Bulletin des lois, III, bulletin 266, 2579.
Duvergier, T. XIV, p. 51.

21 frimaire an XII (13 décembre 1803). — *Arrêté relatif aux formalités à observer pour les transactions entre des communes et des particuliers sur des droits de propriété*, art. 1.

Bulletin des lois, III, bulletin 331, 3449.
Duvergier, T. XIV, p. 291.

V.

Rétablissement du titre d'Avocat.

Puis, notre Ordre se rétablit peu à peu.

1°

Décret du 2 nivôse an XI.

Un *décret du 2 nivôse an XI* donne un costume aux *gens de loi.*

Ce costume est celui dont vous êtes encore revêtus, moins la chausse ou chaperon (1).

2°

Loi du 15 ventôse an XII.

La loi du 15 ventôse an XII, interdit aux *défenseurs officieux* l'achat des procès et droits litigieux dans le ressort où ils exercent leurs fonctions (2).

---

(1) **2 nivôse an XI (23 décembre 1802).** — *Arrêté qui règle le costume des membres des tribunaux des gens de loi et des avoués.*

Bulletin des lois, III, bulletin 238, 2222.

Duvergier, T. XIII, p. 349.

(2) **15-25 ventôse an XII (6-16 mars 1804).** — *Loi relative à la vente. Art.* 16.

Cet article est, aujourd'hui, l'article 1597 du Code Napoléon.

Bulletin des lois, III, bulletin 349, 3648.

Une loi du 30 ventôse an XII a réuni en un seul corps de lois sous le titre de *Code civil des Français* une série de dispositions législatives votées depuis le 14 ventôse an XI jusqu'au 30 ventôse an XII.

Le 3 septembre 1807, le *Code civil* a pris le titre de *Code Napoléon*; — le 6 avril 1814, repris celui de *Code civil*; — pendant les Cent-Jours, celui de *Code Napoléon*; — après les Cent-Jours celui de *Code civil*; — en 1852 celui de *Code Napoléon.*

3°

Loi du 22 ventôse an XII.

Enfin, le 22 *ventôse an XII*, la *loi relative aux écoles de droit* ordonne qu'à l'expiration d'un délai de cinq ans, nul ne pourra exercer les fonctions d'*avocat* sans avoir fait enregistrer au tribunal son diplôme de licence; qu'il sera formé un Tableau des Avocats, et que ceux-ci prêteront serment de ne rien dire ou publier, comme défenseurs ou conseils, de contraire aux lois, aux réglements, aux bonnes mœurs, à la sûreté de l'État et à la paix publique, et de ne jamais s'écarter du respect dû aux tribunaux et aux autorités publiques.

Les avoués licenciés conservèrent, en vertu de cette loi, devant leur tribunal, et dans les affaires où ils occupaient, le droit de plaider et d'écrire concurremment et contradictoirement avec les avocats, et, en cas d'absence ou de refus de ceux-ci, le même droit fut accordé aux avoués non licenciés.

Voilà donc le titre rétabli, et, avec lui, l'obligation des grades.

Pour arriver à la formation du Tableau, on nous annonce un réglement d'administration publique (1).

Mais cette promesse attendra longtemps encore sa réalisation.

§

Cependant, ce titre est porté, et j'ajoute qu'il est honoré par la

(1) **22 ventôse-2 germinal an XII (13 mars 1804).** — *Loi relative aux écoles de droit.*

Art. 5. — « Le cours ordinaire des études sera de trois ans; ceux qui voudront « obtenir le grade de docteur feront une année d'étude de plus. »

Art. 22. — « Les individus exerçant, au moment de la publication de la présente

probité et le talent de cette petite phalange, débris des avocats au Parlement, qui reçurent, alors, et à qui nous avons conservé le nom d'*avocats du Marais*, fidèles dépositaires de toutes nos traditions, et constants observateurs de tous nos usages, quand, autour d'eux, on les foulait aux pieds.

« loi, les fonctions de *défenseur officieux* près les tribunaux, les continueront pro- « visoirement, sauf l'exécution des réglements de discipline, jusqu'à l'époque fixée « pour remplir les conditions qui leur sont imposées; après lequel temps, ils seront « tenus de justifier de leur accomplissement ou de discontinuer l'exercice de leur « profession. »

Art. 24. — « A compter de la même époque nul ne pourra exercer les fonctions « d'avocat près les tribunaux et d'avoué près le tribunal de Cassation, sans avoir « représenté au commissaire du Gouvernement et fait enregistrer, sur ses conclu- « sions, son diplôme de licencié ou des lettres de licence obtenues dans les uni- « versités. »

Art. 29. — « Il sera formé un Tableau des Avocats exerçant près les tribunaux. »

Art. 30. — « A compter du 1er vendémiaire an XVII, les avocats, selon l'ordre du « Tableau, et après eux les avoués, selon la date de leur réception, seront appelés, en « l'absence des suppléans, à suppléer les juges, les commissaires du gouvernement « et leurs substituts. »

Art. 31. — « Les avocats et avoués seront tenus, à la publication de la présente « loi, et, à l'avenir, avant d'entrer en fonctions, de prêter serment de ne rien dire « ou publier, comme défenseurs ou Conseils, de contraire aux lois, aux réglements, « aux bonnes mœurs, à la sureté de l'État et à la paix publique, et de ne jamais « s'écarter du respect dû aux tribunaux et aux autorités publiques. »

Art. 32. — « Les avoués, qui seront licenciés, pourront, devant le tribunal auquel « ils seront attachés, et dans les affaires où ils occuperont, plaider et écrire dans « toute espèce d'affaires, concurremment et contradictoirement avec les avocats. »

« En cas d'absence ou refus des avocats de plaider, le tribunal pourra autoriser « l'avoué, même non-licencié, à plaider la cause.

Art. 38. — « Il sera pourvu par des réglements d'administration publique à l'exé- « cution de la présente loi et notamment à ce qui concernera :

« . . . . 7°. La formation du Tableau des Avocats et la discipline du « Barreau. »

Bulletin des lois, III, bulletin 353, 3678.
Duvergier, T. XIV p. 351.

SECTION II.

De l'Empire à la Restauration.

I.

Code de procédure (1).

En 1806, le *Code de procédure* reproduit, pour les requêtes civiles, les dispositions de l'ancien droit, exigeant une consultation de trois *avocats* exerçant depuis dix ans, au moins.

Les dix années d'exercice imposées par la loi forment une remarquable époque de notre vie professionnelle ; — car c'est celle à laquelle nos usages vous permettront de prendre le titre d'*anciens avocats*, et c'est, aussi, l'époque à laquelle nos réglements actuels vous ouvriront les portes du Conseil.

Le Code de procédure punit, et avec raison, l'avocat qui trouble l'audience, plus sévèrement qu'il ne punit un plaideur ou un simple auditeur. Les devoirs de l'avocat sont, en effet, plus étroits en ce qui touche le respect qu'on doit à la magistrature ; il ne faut donc pas s'étonner, qu'en outre des peines ordinaires, il puisse rece-

(1) Entre le 22 ventôse an XII et le 14 avril 1806, on trouve, notamment :

28 floréal an XII (18 mai 1804). — *Senatus-Consulte organique*, qui à l'art. 129 de son titre XIII, sur *la Haute-Cour impériale*, porte : « Les accusés ont « des défenseurs ; s'il ne s'en présente point, l'Archi-Chancelier de l'Empire leur « en donne un d'office. » — (*Bulletin des lois*, IV, bulletin 1, 1. — *Duvergier*, T. XV, p. 1).

10 février 1806. — *Décret impérial concernant les vacances des Cours d'Appel et des tribunaux de première instance.* — Du 1er septembre au 1er novembre. — (*Bulletin des lois*, IV, bulletin 74, 1317. — *Duvergier*, T. XV, p. 299).

8 juillet 1806. — *Décret impérial concernant les examens prescrits aux étu-*

voir une injonction, être suspendu et voir ses écrits supprimés (1).

---

diants en droit. Exigeant la preuve de l'assiduité aux cours indépendamment des examens. — (*Bulletin des lois,* IV, bulletin 104, 1743. — *Duvergier,* T. XVI, p. 2).

(1) Le trouble de l'audience est puni par l'art. 90 de la loi des 14-24 avril 1806, intitulée : *Loi contenant les deux premiers livres de la 1re partie du Code de procédure civile.* — Cet article a conservé son numéro dans le Code de procédure.
Bulletin des lois, IV, bulletin 96.

La disposition relative aux requêtes civiles appartient à l'art. 495 de la loi des 17-27 avril 1806, intitulée : *Loi contenant les troisième et quatrième livres de la 1re partie du Code de procédure civile.* — Cet article a conservé son numéro dans le Code de procédure.
Bulletin des lois, IV, bulletin 196, 648.

On trouve encore au Code de procédure différents articles qui s'occupent de la défense, notamment l'art. 86 qui interdit la plaidoirie et même la consultation à tous les magistrats, sauf dans les affaires qui leur sont personnelles ; et l'art. 87 qui exige la publicité des plaidoiries, sauf le cas où le huis-clos est jugé nécessaire.

Toutes les parties du Code de procédure successivement votées ont été réunies en un seul corps de loi déclaré exécutoire à partir du 1er janvier 1807 par l'art. 1041.

§

Au Code de procédure civile est annexé, à la date du **16 février 1807**, un *Tarif* qui s'occupe des plaidoiries en matière civile. Ce tarif refuse tout honoraire en matière sommaire et fixe des sommes minimes pour les matières ordinaires.

Ces fixations ne concernent pas les relations entre l'avocat et son client. Entre eux, tout est libre et volontaire ; ce que donne le second n'est offert et reçu que comme un témoignage de reconnaissance, et il n'y a pas besoin de tarif pour l'avocat, qui serait rayé par ses confrères, si, pour ses honoraires, il intentait une action en justice.

L'antique usage est ici conservé comme une de nos plus précieuses traditions. « Dans presque tous les siéges, écrivait autrefois M. DAREAU, il y a des tarifs qui « règlent les honoraires des avocats ; il a même été un temps où l'on croyait qu'ils « étaient obligés de mettre un reçu de leurs honoraires au bas de leurs écritures ; « mais on n'a jamais pu les assujettir à cette pratique. Le tarif n'est que pour régler « ce qui doit passer en taxe à la partie ; car il ne serait pas juste qu'une partie « condamnée supportât le poids d'une générosité excessive de sa partie adverse » (*Répertoire de Merlin,* Vo Avocat).

II.

Décret du 30 mars 1808 (1).

Le 30 mars 1808 parut un décret qui régla la police et la discipline des cours et tribunaux.

Ce décret dit en son article 105 : « *Les avocats*, les avoués et les « greffiers porteront dans toutes leurs fonctions, soit à l'audience, « soit au parquet, soit aux comparutions et aux séances particulières « devant les commissaires, *le costume* prescrit. »

En cela, il nous est évidemment applicable.

Mais les articles 102 et 103 s'expriment ainsi :

Art. 102. — « Les *officiers ministériels*, qui seront en contravention « aux lois et réglements pourront, suivant la gravité des circonstances, « être punis par les injonctions d'être plus exacts ou circonspects, par « des défenses de récidiver, par des condamnations de dépens en « leur nom personnel, par des suspensions à temps : l'impression et « même l'affiche des jugements à leurs frais pourront aussi être ordonnées, et leur *destitution* pourra être provoquée, s'il y a lieu. »

Art. 103. — « Dans les cours et dans les tribunaux de première « instance, chaque Chambre connaîtra des *fautes de discipline*, qui « auraient été commises ou découvertes *à son audience*.

« Les mesures de discipline à prendre sur les plaintes des parti- « culiers ou sur les réquisitoires du ministère public, pour cause de « faits, qui ne se seraient point passé, ou qui n'auraient *pas* été dé- « couverts *à l'audience*, seront arrêtées en assemblée générale, à la

---

(1) Entre le Code de procédure et le décret du 30 mars 1808 on trouve, notamment :

25 novembre 1806. — *Décision du ministre de la justice :*

« Les avocats peuvent être appelés à remplir les fonctions du *ministère public*, à « défaut de juges et de suppléants. » (*Analyse des circulaires, instructions et décisions, émanées du ministère de la justice* (12 *janvier* 1791-6 *octobre* 1858), *suivie d'une table alphabétique analytique et raisonnée des matières ; par M. GILLET*,

« chambre du conseil, après avoir appelé l'individu inculpé. Ces « mesures ne seront pas sujettes à l'appel ni au recours en Cassation, « sauf le cas où la suspension serait l'effet d'une condamnation pro- « noncée en jugement. » (1)

S'agit-il de nous, dans ces articles?

Non, évidemment, pour l'article 102 dont le texte ne désigne que les officiers ministériels.

Et non, encore, pour l'article 103 qui n'est que la suite, le complément, et, pour ainsi dire, la procédure de l'article qui le précède.

Pour décider autrement, il faudrait pouvoir, en matière pénale,

---

juge d'instruction à Nancy, avec le concours de M. F. Demoly, *substitut du procureur impérial à Dijon,* — 2ᵉ *édition*. Paris, Cosse et Marchal, 1859.

16 février 1807. — *Décret impérial contenant le tarif des frais et dépens pour le ressort de la Cour d'appel de Paris.* (Bulletin des lois, IV, bulletin 138, 2240). — V. *suprà*, p. 122.

31 mai 1807. — *Décret impérial qui fixe les droits d'enregistrement des actes de prestation de serment des avocats, avoués et défenseurs officieux.* — (*Bulletin des lois*, IV, bulletin 147, 2448. — *Duvergier*, T. XVI, p. 126).

5 septembre 1807. — *Loi relative au mode de recouvrement des frais de justice au profit du Trésor public, en matière criminelle, correctionnelle et de police.*

Art. 2. — Le privilége du Trésor public sur les meubles et effets mobiliers des condamnés ne s'exercera qu'après les autres priviléges et droits ci-après mentionnés ; savoir : 1°..........; 2° les sommes dues pour la *défense personnelle* du condamné, lesquelles, en cas de contestation de la part de l'administration des domaines, seront réglées, d'après la nature de l'affaire, par le tribunal qui aura prononcé la condamnation

Art. 4. — Le privilége mentionné dans l'art. 3, ci-dessus (sur les biens immeubles), ne s'exercera qu'après les autres priviléges et droits suivants : 1°.........; 3° les sommes dues pour la *défense personnelle* du condamné, sauf le réglement, ainsi qu'il est dit en l'art. 2, ci-dessus. (Bulletin des lois, IV, bulletin 158, 2743).

(1) **30 mars 1808.** — *Décret impérial contenant réglement pour la police et la discipline des cours et tribunaux.*

Bulletin des lois, IV, bulletin 188, 3243.
Duvergier, T. XVI, p. 255.

transporter à une catégorie d'individus des peines qui ne sont édictées que pour d'autres personnes.

Il faudrait de plus supposer des délits disciplinaires possibles là où il n'y avait pas de Code disciplinaire. Or, à cette époque, la Révolution avait tout emporté, et le Consulat ne nous avait rendu que notre titre et notre Tableau : on nous promettait bien un Code disciplinaire, mais on ne nous l'avait pas donné : de telle sorte que, n'exerçant qu'une profession non réglementée, nous ne pouvions, pour nos délits et nos fautes, être justiciables que de la loi commune (1).

C'est donc avec raison que le Barreau a toujours protesté contre la prétention de le soumettre aux dispositions de ce décret.

---

(1) Aussi, M. MOLLOT refuse-t-il de mettre ce décret au nombre des lois et réglements de notre profession (p. 154 et 199).

Telle a été aussi l'opinion du Conseil de l'Ordre, dans l'affaire *Parquin*.

M. DUPIN a, également, été de cet avis, dans ses réquisitoires, même affaire. (SV. 1834, I, 457. — *Réquisitoires, Plaidoyers et Discours de rentrée prononcés par M. Dupin, procureur-général à la Cour de Cassation.* — T. Ier, p. 177 et suivantes). — Et affaire Dupont (SV, 1837, I, 11. — *Réquisitoires*, T. IV, p. 199).

Et, encore bien que l'arret de Cassation du 22 juillet 1834 (affaire Parquin) rejette le pourvoi contre l'arrêt de Paris du 5 décembre 1833, il consacre la même doctrine d'une manière implicite ; car, il ne vise pas l'art. 103 du décret sur lequel appuyait l'arrêt de la Cour royale : il ne vise que l'ordonnance de 1822, et n'attribue juridiction directe à la Cour qu'en prétendant que le Conseil de discipline, juge au premier degré, ne s'était pas saisi de l'affaire (SV, 1834. — Loc. cit.)

Mais le contraire a été jugé par divers arrêts, notamment :

Cassation, 28 avril 1820. S. V., C. N., I, 223.
Paris, 5 décembre 1833. Affaire Parquin, S. V., loc. cit.
Nancy, 4 mai 1835. S. V., 36, II, 438.
Rouen, 4 mai 1835. Gazette des Tribunaux du 7 mai 1835.
Agen, 4 mai 1835. Gazette des Tribunaux du 14 mai 1835.
Aix, 17 mars 1836. S. V., 36, II, 435.
Cassation, 24 décembre 1836. Affaire Dupont. — Loc. cit.
Cassation, 8 janvier 1838. S. V. 38, I, 266.
Bastia, 15 juillet 1857. S. V., 57, II, 669.

III.

Code de Commerce.

En interdisant le ministère des Avoués devant les tribunaux de Commerce, et en portant que nul ne pourrait plaider devant ces tribunaux si la partie présente à l'audience ne l'autorisait, ou s'il n'était muni d'un pouvoir spécial, l'art. 627 du Code de commerce décrété en 1808 n'a touché en rien au droit absolu que nous tenons de notre profession de plaider devant toutes les juridictions dont la loi ne nous éloigne pas, par une disposition formelle. Il se borne pour nous à remplacer l'assistance de l'avoué par celle du fondé de pouvoir ou de la partie, ne nous permettant en aucun cas la postulation (1).

---

(1) Le Code de commerce décrété en plusieurs parties du 10 au 15 septembre 1808 a été promulgué du 20 au 25 du même mois.

IV.

Code d'instruction criminelle.

Le Code d'instruction criminelle, décrété de novembre à décembre 1808, ordonne que l'accusé traduit aux Assises soit interpellé sur le choix d'un conseil; et que, s'il n'en a pas, le juge lui en désigne un, à peine de nullité (1).

Il veut que « le conseil de l'accusé ne puisse être choisi par lui ou « désigné par le juge que parmi les avocats ou avoués de la Cour ou « de son ressort, à moins que l'accusé n'obtienne du président de la « Cour d'assises la permission de prendre pour conseil un de ses « parents ou amis. » (2)

Le commun usage a dérogé à cet article, et, partout, les présidents d'assises accueillent les avocats de toutes les Cours.

La Belgique, même, et je l'en remercie, au nom de l'humanité et du Barreau français, la Belgique, après avoir donné asile au premier de nos jusrisconsultes modernes (3), a permis à nos avocats de présenter la défense dans ses débats criminels.

Aux termes de ce Code, le conseil de l'accusé doit être averti « qu'il ne peut rien dire contre sa conscience ou contre le respect « dû aux lois, et qu'il doit s'exprimer avec décence et modération, » disposition qui fait double emploi avec notre serment (4).

---

(1) Art. 294.

(2) Art. 295.

(3) MERLIN.

(4) Art. 311.

Enfin, la défense de l'accusé ne doit pas être interrompue ; et le défenseur a le droit absolu de réplique : c'est à lui de parler le dernier (1).

(1) Art. 328 et 335.

§

Le Code d'instruction criminelle renferme, en outre, différents articles relatifs à la publicité des débats, les communications entre le conseil et l'accusé, la copie des pièces, les questions à adresser aux témoins, les récusations des jurés, etc., notamment les articles 190, 302, 305, 319, 399, etc.

§

On avait un *Tarif* portant la date du **18 juin 1811**, dans lequel on lit, aux *Dispositions préliminaires :*

Art. 3.— « Ne sont point compris sous la dénomination de frais de justice crimi-« nelle : 1° les honoraires des Conseils ou défenseurs des accusés, même de ceux « qui sont nommés d'office. »

V., cependant, la loi du 5 septembre 1807. — *Suprà*, p. 121.

D'après nos usages, il est interdit aux Avocats du Barreau de Paris, qui sont *nommés d'office*, de recevoir quoique ce soit de leur client ou de sa famille, soit en matière civile, soit en matière criminelle.

V.

Code pénal (1).

En 1810, le Code pénal étendit aux injures et aux imputations écrites ou verbales de la défense les dispositions du Code de procédure relatives au trouble de l'audience ; et, en punissant la révélation du secret, il atteignit l'avocat qui pourrait trahir les confidences, que, chaque jour, la nécessité des affaires amène à verser dans son sein (2).

---

(1) Entre décembre 1808 et le 12 février 1810, on trouve, notamment :

28 janvier 1809. — *Décision ministérielle sur le timbre.*

« Les mémoires, les consultations, les observations et les précis signés par les « avocats sont soumis au droit de timbre. » — (*Analyse des circulaires, etc.*, par M. GILLET).

(2) Art. 377 et 378.

Le Code pénal, décrété en plusieurs parties du 12 au 20 février 1810, a été promulgué du 22 février au 2 mars 1810.

VI.

Décret impérial du 14 décembre 1810.

Enfin, arrive le décret impérial du 14 décembre 1810, obtenu par les persévérantes obsessions de Cambacérès (1).

Ce décret, tant désiré, trompa bien des espérances.

---

(1) « Ce décret, dès son origine et toujours depuis, n'a pas cessé d'être l'objet « des protestations de l'Ordre, et d'une émission constante du désir de le voir « réformer, surtout en ce qui touche le mode de nomination du Bâtonnier et du « Conseil de discipline, et la suppression des Assemblées générales où l'Ordre « entier était appelé à prononcer sur la radiation de ses membres, et sur les « questions qui intéressaient toute la profession.

« Napoléon était extrêmement prévenu contre les avocats. Il détestait leur in- « dépendance et leur esprit de controverse. Un premier projet lui avait été pré- « senté; il le repoussa avec colère, et le renvoya à l'archi-chancelier avec une « lettre que j'ai vue lors de la levée du scellé administratif apposé au domi- « cile de M. de Cambacérès en 1824, et sur laquelle j'ai copié cette boutade « plus digne d'un dey d'Alger que du chef d'une nation civilisée : « Le décret « est absurde : il ne laisse aucune prise, aucune action contre eux. Ce sont des « factieux, des artisans de crimes et de trahisons; tant que j'aurai l'épée au coté, « jamais je ne signerai un pareil décret; je veux qu'on puisse couper la langue « à un avocat qui s'en sert contre le gouvernement. »

« Pour plaire à ce grand homme, il fallut ajouter diverses entraves, par exemple « le droit d'empêcher un avocat d'aller plaider sans permission hors du ressort de « la Cour, la faculté au Grand-Juge ministre de la Justice de priver un avocat de « son état en le rayant du Tableau, et de lui appliquer, *de son autorité*, telle autre « peine de discipline que bon lui semblerait. »

M. DUPIN, *Profession d'avocat. — Recueil de pièces concernant l'exercice de cette profession.* 1830, T. Ier, p. 132.

Les stagiaires retrouveront cette anecdote dans le requisitoire prononcé par *M. Dupin*, devant la Cour de cassation, le 10 avril 1834 (*Réquisitoires, etc....* T. Ier, p. 189), et dans les *Règles sur la profession d'Avocat* de M. MOLLOT, p. 155.

Ils verront, du reste, dans le décret même, combien différa le langage officiel du

1°

A qui veut être avocat, un serment, à la fois politique et professionnel, est imposé (1).

2°

A qui veut faire partie de l'Ordre, l'inscription au Tableau est ordonné (2).

3°

A qui veut être inscrit, un stage de trois ans est prescrit (3).

4°

Le décret confie la *première* formation du Tableau aux *Présidents* et

---

langage intime, car ils pourront lire dans le préambule les phrases suivantes, déjà relevées par *Paillet*, dans son Discours de 1839 :

« Napoléon..... Lorsque nous nous occupions de l'organisation de l'Ordre judi-« ciaire et des moyens d'assurer à nos Cours la haute considération qui leur est « due, une profession *dont l'exercice influe puissamment sur la distribution de la « Justice* a fixé nos regards ; nous avons, en conséquence, ordonné, par la loi du « 22 ventôse an XII, le rétablissement du Tableau des Avocats, comme un des « moyens les plus propres à maintenir la *probité*, la *délicatesse*, le *désintéresse-« ment*, le *désir de la conciliation*, l'*amour de la vérité* et *de la justice*, un *zèle « éclairé pour les faibles et les opprimés, bases essentielles de leur état*, etc..... »

Et, ailleurs, le préambule parle encore de la *liberté* et de la *noblesse* de notre profession.

(1) « Je jure obéissance aux Constitutions de l'Empire, fidélité à l'Empereur ; de ne « rien dire ou publier de contraire aux lois, aux réglements, aux bonnes mœurs, « à la sûreté de l'État et à la paix publique ; de ne jamais m'écarter du respect « dû aux tribunaux et aux autorités publiques ; de ne conseiller ou défendre « aucune cause que je ne croirai pas juste en mon âme et conscience. » (Art. 14).

(2) Art. 9.

(3) Art. 12.

Procureurs-Généraux, sous l'approbation du *Grand-Juge*, avis pris de quelques anciens; c'est le Conseil de discipline qui procédera aux formations suivantes (1).

A la première, on n'admettra que des licenciés pouvant donner renseignements suffisants sur leur capacité, probité, délicatesse, bonnes vie et mœurs (2).

5°

Il y a incompatibilité entre la profession d'Avocat et les fonctions de juge, préfet, sous-préfet, greffier, notaire, avoué, les emplois à gage, ceux d'agent comptable, et toute espèce de négoce.

L'agent d'affaires est exclu (3).

6°

Le Bâtonnier est, chaque année, nommé *par le Procureur-Général* (4).

7°

Notre Conseil de discipline, composé de quinze membres, doit être nommé, chaque année, *par le Procureur-Général,* sur une liste de trente candidats, élus en assemblée générale, et choisis parmi les deux tiers des plus anciens (5).

Veiller à la conservation de l'honneur de l'Ordre; maintenir les principes de probité et de délicatesse qui font la base de la profes-

(1) Art. 1, 4 et 6.

(2) Art. 5.

(3) Art. 18.

(4) Art. 21.

(5) Art. 19 et 20.

sion ; réprimer les infractions et les fautes ; porter une attention particulière sur les mœurs et la conduite des stagiaires ; au cas d'inexactitude habituelle ou d'inconduite notoire, prolonger d'une année la durée du stage, et, même, refuser l'admission au Tableau ; pourvoir à la défense des indigents par l'établissement d'un bureau de consultations gratuites et des défenses d'office ; avertir, censurer, réprimander, interdire, rayer du Tableau, — telles sont les fonctions du Conseil de discipline (1), qui ne statue, d'ailleurs, qu'au premier degré, quand il prononce la censure, la réprimande, l'interdiction ou la radiation (2).

8°

L'Ordre ne peut s'assembler que sur la convocation du Bâtonnier et *pour un objet unique*, l'élection des candidats au Conseil. Pour cet objet même, il faut l'agrément du *Procureur Général* (3).

Toute autre délibération est frappée des peines sur les associations et réunions illicites.

9°

Une radiation, sans rétablissement possible, menace ceux qui se coaliseront pour déclarer, sous quelque prétexte que ce soit, qu'ils n'exerceront plus leur ministère (4).

10°

Ce décret nous rend le chaperon ; il donne, même, aux Docteurs celui de leur grade, le chaperon rouge (5).

---

(1) Art. 23, 24 et 25.

(2). Art. 29.

(3) Art. 21 et 33.

(4) Art. 33 et 34.

(5) Art. 35.

Nous avons deux chaperons ; l'un, en simple étoffe noire, sans fourrure, pour les

11°

Il nous prescrit de parler debout et couverts; mais nous devons nous découvrir, quand nous prenons les conclusions ou quand nous lisons les pièces (1).

Pourquoi cette différence?

Parce qu'en lisant les conclusions et les pièces, nous remplissons l'office de l'avoué, à qui les lois et les usages ne permettent pas de rester couvert lorsqu'il parle à la Justice, sa personne étant, alors, considérée comme la personne même du plaideur.

Quand nous plaidons, au contraire, c'est notre office propre que nous remplissons, soit que nous parlions directement au juge, soit que nous lisions les lois, les auteurs, les arrêts.

Or, cet office ne consiste pas à représenter le client, puisque celui-ci n'est pas lié par notre parole, et que l'avoué seul est le *dominus litis*. C'est, de notre part, un acte de protection libre et toute volontaire.

Et cette protection, on le comprend, ne peut s'exercer honorablement et efficacement pour la justice, pour les plaideurs et pour nous, que si l'indépendance la plus entière l'accompagne.

Si donc nous avons le droit de rester couverts devant la magistra-

---

audiences ordinaires; l'autre, avec fourrure blanche, pour les audiences solennelles et les cérémonies.

Quant au chaperon de docteur, ceux d'entre nous qui ont ce grade ne le portent jamais.

Ce chaperon est en soie, de couleur rouge, bordé d'hermine.

(*Décret impérial, concernant l'organisation des Écoles de droit, 4e complémentaire, an XII; Bulletin des lois*, IV, bulletin 13, 239. — *Duvergier*, T. XV, p. 86. — *Arrêté qui règle le costume des professeurs des Écoles de médecine; 20 brumaire an XII.* — *Bulletin des lois*, III, bulletin 329, 3392. — *Duvergier*, T. XIV, p. 272).

(1) Art. 35.

ture, quoiqu'elle représente la majesté du Souverain, et si elle-même nous y invite toujours, c'est que ce signe de liberté est destiné à rappeler sans cesse, et à nous et aux autres, cette indépendance, sans laquelle il n'y aurait ni défense, ni, par conséquent, justice.

Aussi, conservons-nous ce droit devant toutes les juridictions, de quelque nature qu'elles soient, et l'un de nos plus célèbres confrères l'a porté dans l'enceinte même de la chambre des députés, assemblée politique, jugeant politiquement, instituée accusatrice et juge dans sa propre cause, parce qu'on avait trouvé que la magistrature ne la vengeait pas suffisamment (1).

12°

Le décret réveille les anciennes ordonnances et nos principes traditionnels, lorsqu'il déclare que nous exerçons notre ministère librement, pour la défense de la justice et de la vérité, et lorsqu'il nous défend de signer des consultations, mémoires et écritures que nous n'aurions pas faits ; de tirer des traites pour nos honoraires ; de forcer les parties à reconnaître nos soins avant la Plaidoirie ; d'introduire des suppositions dans les faits, des surprises dans les citations ;

---

(1) « On sait que chez les anciens, le bonnet qui couvrait la tête était le signe de « la liberté. En France, les avocats plaidaient ainsi couverts, même *devant le Roi*. « — *Indice alphabétique des Avocats*, à la fin du dialogue de *Loysel*. *Coquart*, « p. 52.

« M. *Dupin* rapporte, T. I, p. 87, que, dans l'affaire du maréchal Ney, le chancelier, M. Dambray, ne permit pas aux avocats de se couvrir devant la Chambre « des Pairs ; mais, qu'en 1821, dans l'affaire de la conspiration du mois d'août, leur « droit leur fût rendu ; il est incontesté aujourd'hui. M. Barthe, plaidant à la « Chambre des Députés pour le *Journal du Commerce*, allait se couvrir, lorsque « M. Ravez, alors président, lui en fit lui même l'invitation.

« L'avocat s'assied, quand il ne parle pas. A Rome, il y avait certains tribunaux « où les avocats plaidaient assis. — *Quintilien, de Orat.*, Lib. II, cap. III ; — *Pline, « épist.* 17, 2 ; — *Coquart*, p. 51. »

M. MOLLOT, p. 107.

de nous livrer à des discours superflus, à des injures et personnalités offensantes; d'avancer aucun fait grave contre l'honneur et la réputation des parties, à moins que la nécessité de la cause l'exige et que nous n'en ayions charge expresse; enfin, de respecter et les lois, et les autorités, et cette magistrature, que nous entourons d'une vénération aussi ancienne que notre Ordre lui-même (1).

13°

Mais le décret est en dehors de toutes les traditions, lorsque, indépendamment des énormités que vous venez de remarquer dans cette analyse, il reproduit l'article de l'ordonnance de Blois sur les reçus d'honoraires (2); lorsqu'il crée une défense d'office en matière civile, hors du cas d'indigence (3); lorsqu'il nous interdit de plaider hors du ressort de la Cour où nous sommes inscrits, sans la permission du Grand Juge (4); — et, surtout, lorsqu'il permet au Grand-Juge de punir, de sa pleine autorité, et, même, de rayer un avocat du Tableau (5).

(1) Art. 36, 37 et 38.

(2) Art. 44.

(3) Art. 41.

(4) Art. 10.

(5) La disposition relative au Grand-Juge est précédée de l'art. 39, relatif au pouvoir des tribunaux, et qui est ainsi conçu : « Si un avocat, dans ses plaidoiries « ou dans ses écrits, se permettait d'attaquer les principes de la monarchie et les « constitutions de l'Empire, les lois et les autorités établies, le tribunal, saisi de « l'affaire, prononcera sur-le-champ, sur les conclusions du ministère public, l'une « des peines portées par l'art. 25 ci-dessus ; sans préjudice des poursuites extraor- « dinaires, s'il y a lieu.

« Enjoignons à nos procureurs et à ceux qui en font les fonctions, de veiller, à « peine d'en répondre, à l'exécution du présent article. »

Quant à l'art. 40, relatif au Grand-Juge, voici ce qu'il porte :

« Notre *Grand-Juge*, ministre de la justice, pourra, *de son autorité* et *selon les* « *cas*, infliger à un avocat l'une des peines portées en l'article ci-dessus cité. »

§

La résurrection de notre Ordre était, en soi, chose très-bonne et très-sage : mais on mesure facilement la distance qui sépare l'institution relevée en 1810 de l'institution tombée en 1790. Tout ce que celle-ci avait de puissance et de force nous était refusé, pour passer aux mains du Procureur-Général et du Grand-Juge (1).

Aussi, le décret fut-il l'objet d'incessantes réclamations, qui n'ont abouti que vingt ans plus tard, en août 1830.

§

Voyons ce qui s'est passé dans l'intervalle.

(1) **14 décembre 1810**. — *Décret impérial contenant règlement sur l'exercice de la profession d'Avocat et la discipline du Barreau.*

Bulletin des lois, IV, bulletin 332, 6177.

Duvergier, T. XVII, p. 236.

VII.

Décret du 3 octobre 1811 (1).

Nous avions, autrefois, à l'archevêché, une magnifique bibliothèque due aux libéralités de nos confrères et du gouvernement.

En 1790, nous l'avons perdue, et un *décret du 12 juillet* 1793 en ordonna le transfert partiel au comité de législation. Diverses bibliothèques, et, spécialement, la Cour de cassation, le Conseil d'État, et le Louvre en ont reçu des parties considérables. Malgré toutes nos démarches, et quoique chacun de nos livres soit encore frappé de notre estampille, on n'a jamais voulu nous les rendre.

Mais, afin de nous aider à les remplacer, et, en même temps, afin d'augmenter les secours destinés à nos confrères dans le besoin, un *décret du* 3 *octobre* 1811 a ordonné qu'à chaque prestation de serment un droit de 25 fr. serait payé (2).

C'est grâce à cet impôt, augmenté des dons de quelques anciens et

---

(1) Entre le 14 décembre 1810 et le 3 octobre 1811, on trouve, notamment :

18 juin 1811. — *Décret impérial contenant règlement pour l'administration de la justice en matière criminelle, de police correctionnelle et de simple police, et tarif général des frais.* (Bulletin des lois, IV, bulletin , 7035).

(2) **3 octobre 1811**. — *Décret impérial qui ordonne, pour les causes y énoncées, la perception d'un droit de vingt-cinq francs sur chaque prestation de serment des Avocats qui seront reçus à la Cour impériale de Paris.*

Bulletin des lois, IV, bulletin 396, 7336.
Duvergier, T. XVIII, p. 24.

Ce décret a été étendu à d'autres Cours. — V. spécialement pour Nancy, le décret du 7 août 1812. (*Bulletin des lois,* IV, bulletin 446, 8188. — *Duvergier,* T. XVIII, p. 165).

de vos cotisations annuelles, que vous devez la possibilité de consulter, quand il vous plaît, les savants auteurs qui, rangés en silence autour de cette salle, écoutent vos plaidoiries, et, pour faciliter vos travaux, tendent perpétuellement vers vous leurs mains pleines de trésors.

Quant à l'autre usage de nos fonds, j'espère assez de vos succès pour croire que vous n'en aurez jamais besoin, — quoiqu'il faille vous prévenir, au seuil de la carrière, qu'on est moins certain d'y rencontrer la fortune que le travail.

VIII.

Décret du 2 juillet 1812 (1).

Le décret de 1810 ne nous donnait qu'un droit partagé.

Un nouveau décret décide, le 2 juillet 1812, que devant les Cours et les tribunaux de chef-lieu les causes ordinaires seront plaidées par les avocats seuls; — et que les avoués pourront, dans celles dont ils seront chargés, plaider uniquement les incidents de procédure et tous ceux de nature à être jugés sommairement (2).

Ce décret oblige l'avocat malade à instruire le président, par écrit, avant l'audience, et à renvoyer les pièces à l'avoué, cas auquel la cause peut être plaidée par l'avoué ou remise au plus prochain jour. Il en est de même lorqu'au moment de l'appel de la cause, l'avocat sera engagé à l'audience du même tribunal séant dans le même temps (3).

Hors ces deux cas, lorsque l'avocat, chargé de l'affaire et saisi des pièces, ne se sera pas trouvé à l'appel de la cause, et que, par sa faute, elle aura été retirée du rôle et n'aura pu être plaidée au jour indiqué, il pourra être condamné personnellement aux frais de la remise et aux dommages et intérêts du retard envers la partie, s'il y a lieu (4).

---

(1) Entre le 3 octobre 1811 et le 2 juillet 1812, on trouve, notamment :

3 février 1812. — *Décision du ministre de la justice:* « Il ne faut pas employer « la voie de la sommation à l'égard des Conseils nommés d'office aux accusés : il « suffit qu'il leur soit adressé une simple invitation, soit par le président, soit par le « greffier, au nom du président. *(Analyse des circulaires, etc., par M. GILLET).*

(2) Art. 1, 2 et 3.

(3) Art. 6 et 7.

(4) Art. 8.

Enfin, le décret ordonne que les avocats seuls porteront la chausse et parleront couverts (1).

Ainsi, l'avoué, même autorisé à plaider, doit plaider tête nue ; et, même licencié, ne peut, en plaidant, porter le chaperon (2).

---

(1) Art. 12.

(2) **2 juillet 1812**. — *Décret impérial sur la plaidoirie dans les Cours impériales et dans les tribunaux de première instance.*

L'art. 3 porte, aussi, qu'au cas d'absence ou de refus des avocats, les avoués peuvent être autorisés à plaider.

Bulletin des lois, IV, bulletin 440, 8101.
Duvergier, T. XVIII, p. 157.

SECTION III.

De la Restauration à la Révolution de juillet 1830.

I.

Loi du 21 octobre 1814 (1).

L'Empire tombe ; la Restauration arrive ; et la *loi du* 21 *octobre* 1814 déclare que les mémoires sur procès, signés d'un avocat ou d'un

---

(1) Entre le 2 juillet 1812 et le 21 octobre 1814, on trouve, notamment :

1812. — *Discours sur la profession d'Avocat,* prononcé à l'ouverture d'une Conférence particulière, *par* BILLECOQ.

Il considère l'avocat, successivement, à l'entrée, dans le milieu, et au terme de sa carrière.

Les Stagiaires y trouveront d'excellentes règles professionnelles.

Il débute ainsi :

« Il existe, dans l'ordre de notre société civile, une profession dont l'exercice « mène le plus souvent l'homme à la considération publique, quelquefois à la gloire, « presque jamais à la fortune.

« Cette profession condamne ceux qui l'embrassent à un travail perpétuel : Elle « leur impose l'obligation d'une étude constante et le fréquent sacrifice des plaisirs, « même les plus innocents. L'occupation doit y être une habitude, l'instruction un « besoin, l'amour du bien une passion, l'utilité d'autrui tout à la fois un but, un « stimulant, une récompense. En un mot, apprendre sans cesse, vivre dans un cours « non interrompu de soins nécessaires et d'actions importantes, demeurer conti- « nuellement tributaire de chaque famille, de chaque individu, ne pouvoir con- « quérir que par tous les genres de privations et de dévouement l'expérience des « hommes et des choses, la confiance des citoyens, et une réputation honorable ; « telle est, Messieurs, la destinée de cette profession, qu'aux principaux traits « sous lesquels je viens de la dépeindre, vous connaissez pour être celle de l'avocat. « Tels sont, en effet, ses devoirs ; telle y est la condition des succès, depuis le noviciat « le plus tendre jusqu'à la consommation de la plus longue carrière. » — (*Annales du Barreau français ou Choix de Plaidoyers et Mémoires les plus remarquables, tant en matière civile que criminelle, depuis Lemaistre et Patru jusqu'à nos jours,* avoué, peuvent être publiés librement et sans examen ou censure préalable, quel que soit le nombre de leurs feuilles ; quoique la censure atteignît tout écrit de vingt feuilles ou au-dessous : ils sont, aussi, dispensés de la déclaration et du dépôt comme sous l'ancien droit (1).

---

avec une notice sur la vie et les ouvrages de chaque orateur, par une société de jurisconsultes et de gens de lettres. — T. IX, p. 270).

Billecocq (Jean-Baptiste-Louis-Joseph), bâtonnier en 1821-1822, — 1822-1825, — né à Paris, le 31 janvier 1765, — mort le 15 juillet 1829.

1813. — *Histoire des Avocats au Parlement et du Barreau de Paris, depuis Saint-Louis jusqu'au* 15 *octobre* 1790, *par* FOURNEL, *ancien avocat au Parlement de Paris*, 2 vol. in-8°, Maradan, 1813.

Cet ouvrage a été suivi d'un volume publié en 1816, sous ce titre : *Histoire du Barreau de Paris dans le cours de la Révolution.*
Fournel en est également l'auteur, mais il n'y a pas mis son nom.

Il a publié aussi d'autres ouvrages :
Traité sur le *Voisinage*, l'*Adultère*, la *Séduction*, etc.

Fournel (Jean-François), bâtonnier en 1816-1817, — né, à Paris, en 1745, — mort, à Paris, en juillet 1820.

4 juin 1814. — *Charte constitutionnelle*, — dont l'art. 64 ordonne la publicité des débats en matière criminelle. — (*Bulletin des lois*, V, bulletin 17, 133. — *Duvergier*, T. XIX, p. 59).

1814. — *Guide de l'Avocat*, par GIBAULT, avocat, docteur régent de la Faculté de droit de Poitiers. — Paris, Beaucé, in-12.

(1) **21 octobre 1814.** — *Loi relative à la liberté de la Presse.*
Bulletin des lois, V, bulletin 57, 395.
Duvergier, T. XIX, p. 221.

II.

Loi du 17 mai 1819 (1).

Nous parlons, souvent et bien haut, de la liberté dont nos discours et nos écrits ont besoin ; mais il n'y a rien de plus opposé à la liberté que la licence, et si l'une doit nous être donnée comme principe, l'autre doit être sévèrement punie.

Aussi, en 1819, l'*article* 23 *de la loi du* 17 *mai* déclara-t-il que les discours prononcés ou les écrits produits devant les tribunaux ne donneraient lieu à aucune action en diffamation ou injure ; mais que, les juges saisis de la cause, — c'est-à-dire les meilleurs appréciateurs des nécessités de la défense, — pourraient, en statuant sur le fond, sup-

---

(1) Entre la loi du 21 octobre 1814 et celle du 17 mai 1819, on trouve, notamment:

22 avril 1815. — *Acte additionnel aux Constitutions de l'Empire.*

ART. 53. — « Les débats en matière criminelle sont publics. » — (*Bulletin des lois*, VI, bulletin 19, 112. — *Duvergier*, T. XIX, p. 405).

Octobre 1815. — *Libre défense des accusés*, par M. DUPIN, — avec cette épigraphe : « Provident humano generi causarum patroni, qui gloriosæ vocis con-« fisi munimine, laborantium spem, vitam ac posteros defendunt. »

Excellent et courageux petit livre sur l'un des devoirs capitaux de notre profession. (*Opuscules de Jurisprudence, par M. Dupin, etc.* — 1851, p. 561).

1816. — *Essai d'institutions oratoires à l'usage de ceux qui se destinent au Barreau, par M. DELAMALLE, ancien avocat au Parlement de Paris, et bâtonnier de l'Ordre des Avocats à la Cour royale*, etc. — 2 vol. in-8°. Paris, 1816.

Delamalle (Gaspard-Gilbert), bâtonnier, en 1811-1812, — né le 25 octobre 1752, — mort le 25 avril 1834.

1818. — Quatrième édition des *Lettres sur la profession d'Avocat et bibliothèque choisie*, etc , de CAMUS ; *augmentées de plusieurs lettres et autres pièces intéressantes*, etc , *par M. DUPIN.*

primer les écrits diffamatoires ou injurieux, prononcer des dommages et intérêts, faire des injonctions aux avocats, et, même, les suspendre.

Il fut dit, aussi, que les faits diffamatoires étrangers à la cause peuvent donner ouverture soit à l'action publique soit à l'action civile des parties, lorsqu'elle a été réservée par les tribunaux, et, dans tous les cas, à l'action civile des tiers (1).

---

(1) **17 mai 1819.** — *Loi sur la répression des crimes et délits commis par la voie de la presse, ou par tout autre moyen de publication.*

Bulletin des lois, VII, bulletin 278, 6444.

Duvergier, T. XXII, p. 147.

III.

Ordonnance du 27 février 1822 (1).

Le décret de 1810 avait permis la Plaidoirie de toutes affaires aux avoués des tribunaux situés ailleurs qu'au chef-lieu ; une *ordonnance du 27 février 1822* décida que ce droit ne leur appartiendrait que

---

(1) Entre la loi du 23 mai 1819 et celle du 27 février 1822, on trouve, notamment :

14 novembre 1820. — *Discours prononcé par M. DELAHAYE,* bâtonnier. Ce discours a pour objet le *Travail de l'avocat.* Les stagiaires le liront avec plaisir et avec fruit.

« L'homme, dit le bâtonnier, est né pour le travail ; mais celui qui se destine à « la noble profession d'Avocat, se soumet, par là, plus particulièrement, au travail, « à un travail qui doit commencer presque avec l'enfance, et qu'il ne cessera qu'en « cessant de vivre. . . . .

« . . . .

« Et comment, en effet, espérer de pouvoir réussir dans la profession d'Avocat, sans « cette assiduité, cette persévérance que nous vous recommandons ? Quand on fait « attention à tout ce que doit savoir et savoir parfaitement un avocat, pour se faire « un nom, il est inconcevable que le court espace de notre jeunesse, de notre vie « suffise pour y arriver.

« L'étude des lois, si étendue, si difficile, si épineuse, n'est qu'une partie des « connaissances qu'il doit acquérir, etc..... »

Delahaye, bâtonnier en 1820-1824, né à . . . . . , le . . . . , — mort à . . . . . , le . . . .

§

Les *Discours des Bâtonniers,* depuis le rétablissement de notre Ordre, fournissent un recueil précieux, que les Stagiaires trouveront à la Bibliothèque.

Cependant je n'en indique, ici, que quelques-uns, ne pouvant, sans sortir du cadre qui m'est tracé, en citer d'autres que ceux spécialement relatifs à nos *règles écrites ou traditionnelles.* — Mais je dois dire qu'il n'en est aucun dont l'étude ne soit utile, et je renvoie les Stagiaires à la lecture de tous.

J'en dis autant des ouvrages relatifs à notre profession. Je n'ai indiqué que ceux qui se rapportent à nos règles ; tout ce qui est purement historique ou biographique et tout ce qui ne touche qu'à l'éloquence judiciaire a été écarté par moi. Ainsi, les

dans les tribunaux où le nombre des avocats inscrits et des stagiaires serait jugé insuffisant pour l'expédition des affaires (1).

Recueils de Plaidoiries, les *Biographies*, etc., ont été laissés de côté, quel que soit leur mérite et quelle que soit l'utilité que les Stagiaires trouveront à les étudier.

27 décembre 1820. — *Lettre du ministre de la justice.*

« Le défenseur a le droit de prendre au greffe de la Cour d'assises communication « de la procédure, d'en extraire les notes et même de prendre des copies. Il n'est dû « d'expédition au greffier que pour les pièces dont l'accusé ou son conseil a spécia- « lement demandé copie ; sans cela, les indigents ne pourraient réunir leurs moyens « de défense. La communication doit être donnée au défenseur en personne ou à un « secrétaire connu pour être attaché à son cabinet, et porteur de l'invitation de l'avo- « cat de laisser prendre copie. Elle doit avoir lieu en présence d'un commis gref- « fier pour prévenir les abus. — Code d'instruction criminelle, art. 295. » *(Analyse des circulaires, etc, par M. GILLET)*.

27 avril 1821. — *Circulaire du Ministre de la Justice.*

« Un Avocat ne peut être admis à plaider hors du ressort de la Cour où il est inscrit, « sans l'autorisation du Garde-des-Sceaux ; la demande contenant l'indication du nom « des parties, de la nature de la cause, doit être soumise préalablement au Bâtonnier « de l'Ordre, qui, en apposant son visa, certifie que l'Avocat réclamant n'a encouru « aucune peine de discipline. Avant d'admettre à plaider un Avocat étranger, les « Cours et les Tribunaux doivent vérifier s'il a obtenu ou non cette permission. » — *Décret du* 15 *décembre* 1810, *art.* 10. (*Analyse des circulaires*, etc., par M. GILLET).

5 novembre 1821. — *Décision du ministre de la Justice.*

« Toute demande d'un avocat pour aller plaider dans un autre ressort doit, avant « d'être adressée au ministre de la justice, être visée par le bâtonnier de l'Ordre « près le siége et, à défaut de bâtonnier, par le procureur du Roi. » *(Analyse des circulaires, etc., par M. GILLET)*.

13 novembre 1821. — *Discours* de BILLECOCQ, *bâtonnier*. — Ouverture des Conférences.

Confiance que l'Avocat doit avoir dans ses Anciens.

(1) **27 février 1822**. — *Ordonnance du Roi qui modifie le Décret du* 2 *juillet* 1812, *relative à la Plaidoirie.*

Bulletin des lois, VII, bulletin 509, 12219.

Duvergier, T. XXIII, p. 460.

IV.

Ordonnance du 20 novembre 1822 (1).

Enfin, en 1822, une Ordonnance parut, qui devait, disait-on, soustraire le Barreau aux rigueurs du décret de 1810.

Mais, d'abord, elle eut un préliminaire fâcheux.

Malgré ses dispositions hostiles, le décret avait, par l'élection des candidats, laissé une porte entr'ouverte à la liberté; après dix années de patience, le Barreau ouvrit cette porte tout à fait; il ne présenta que des candidats vus de mauvais œil par le gouvernement; ces élections furent déclarées factieuses; — ces redoutables factieux étaient MM. Dupin, Persil, Mérilhou, Parquin, Mauguin, Barthe, etc... Une enquête fut ordonnée, mais bientôt abandonnée.

Quant à l'ordonnance elle porte la date du 20 novembre.

Rien n'est plus à notre louange que le rapport qui la précède : D'Aguesseau lui-même n'a pas parlé du Barreau en meilleurs termes que le garde de sceaux de Peyronnet .

« La profession d'Avocat, y est-il écrit, est si noble et si élevée; « elle impose à ceux qui souhaitent de l'exercer avec distinction « tant de sacrifices et de travaux ; elle est si utile à l'État par les « lumières qu'elle répand dans les discussions qui préparent les

---

(1) Entre le 27 février 1822 et le 20 novembre 1822, on trouve, notamment :

3 septembre 1822. — *Décision du ministre de la justice.*

« Les avoués licenciés ne doivent point prendre le titre d'avocat. — Décret du 14 « décembre 1810, art. 18; Cass. 19 août 1822. » *(Analyse des circulaires, etc.,* par M. GILLET).

12 novembre 1822. — *Discours* de BILLECOCQ, *bâtonnier.* — Ouverture des Conférences.

Nécessité de l'alliance entre le Barreau et la Magistrature.

« arrêts de la justice que je croirais manquer à l'un de mes devoirs « les plus importants, si je négligeais d'attirer sur elle les regards « bienveillants de Votre Majesté..... L'indépendance du Barreau est « chère à la justice autant qu'à lui-même. Sans le privilége qu'ont « les avocats de discuter avec liberté les décisions mêmes que la « justice prononce, ses erreurs se perpétueraient, se multiplieraient, « ne seraient jamais réparées ou plutôt un vain simulacre de justice « prendrait la place de cette autorité bienfaisante qui n'a d'autre « appui que la raison et la vérité. Sans le droit précieux d'accorder « ou de refuser leur ministère, les avocats cesseraient bientôt d'ins- « pirer la confiance et peut-être de la mériter. Ils exerceraient sans « honneur une profession dégradée. La justice, toujours condamnée « à douter de leur bonne foi, ne saurait jamais s'ils croient eux-mêmes « à leurs récits ou à leurs doctrines, et serait privée de la garantie que « lui offrent leur expérience et leur probité. Enfin, sans une orga- « nisation intérieure qui l'affranchisse du joug inutile d'une surveil- « lance directe et habituelle, cet ordre ne pourrait plus espérer de « recevoir dans ses rangs les hommes supérieurs qui font sa gloire ; et « la justice, sur qui rejaillit l'éclat de leurs vertus et de leurs talents, « perdrait, à son tour, ses plus sûrs appuis et ses meilleurs guides. »

L'ordonnance ne répondait pas précisément à ces pompeux éloges.

Voici ce qu'elle a de nouveau :

1°

Notre Tableau est divisé en colonnes dans lesquelles la répartition est faite par les Conseils de discipline alors en exercice ; et le Conseil se compose annuellement, des deux plus anciens de chaque colonne et des anciens Bâtonniers ; par là, il n'y a plus d'élection pour le Conseil (1).

(1) Art. 1, 3, 7.

Quant au Bâtonnier et au Secrétaire, c'est le Conseil qui les choisit (1).

2°

Des peines indiquées par le décret de 1820, l'ordonnance de 1822 ne conserve que l'*avertissement*, la *réprimande*, l'*interdiction temporaire* et la *radiation*, — auxquelles elle ajoute la *déchéance de rang* au cas d'*interdiction* et de *réprimande* (2).

L'appel est maintenu pour les cas d'interdiction à temps et de radiation ; mais ce n'est pas à l'avocat seul qu'il appartient. Le procureur-général peut, aussi, exercer ce droit ; et la Cour, qui juge en audience secrète, peut aggraver la peine, même sans réquisition du procureur-général (3).

3°

Le Stage, conservé d'après les bases du décret de 1810, ne donne, cependant, le droit de plaider aux Stagiaires qui n'ont pas vingt-deux ans, que s'ils ont obtenu de deux membres du Conseil de discipline appartenant à la colonne au-dessous de laquelle leur nom est porté, un certificat visé par le Conseil et attestant leur assiduité aux audiences pendant deux années (4).

4°

Les avocats inscrits aux tableaux des Cours peuvent seuls plaider devant elles. Ce droit n'est pas accordé à ceux qui ne sont inscrits qu'aux tableaux des tribunaux de première instance (5).

---

(1) Art. 8.

(2) Art. 18 et 29.

(3) Art. 24, 25, 27, 28.

(4) Art. 34, 36.

(5) Art. 39, 40.

Quand un avocat inscrit au tableau d'une Cour veut plaider hors de son ressort, ce n'est plus seulement du ministre de la justice qu'il lui faut l'autorisation, il doit, de plus, obtenir, sur l'avis du conseil de discipline, l'agrément du premier président de cette Cour (1).

---

(1) Art. 39.

Diverses autres dispositions de l'ordonnance méritent d'être signalées :

Art. 14.

« Les conseils de discipline sont chargés de maintenir les sentiments de fidélité à « la monarchie et aux institutions constitutionnelles, et les principes de modération, « de désintéressement, et de probité, sur lesquels reposent l'honneur de l'Ordre des « Avocats. — Ils surveillent les mœurs et la conduite des Avocats stagiaires. »

Art. 38.

« Les licenciés en droit sont reçus Avocats par nos Cours royales. Ils prêtent ser- « ment en ces termes : Je jure d'être fidèle au Roi et d'obéir à la Charte constitu- « tionnelle, de ne rien dire ou publier, comme défenseur ou conseil, de contraire « aux lois, aux réglements, aux bonnes mœurs, à la sûreté de l'État et à la paix « publique, et de ne jamais m'écarter du respect dû aux tribunaux et aux autorités « publiques. »

Art. 41.

« L'Avocat nommé d'office pour la défense d'un accusé ne pourra refuser son « ministère sans faire approuver ses motifs d'excuse ou d'empêchement par les « Cours d'assises, qui prononceront, en cas de résistance, l'une des peines déter- « minées par l'art. 18 ci-dessus.

Art. 43.

« Toute attaque qu'un Avocat se permettrait de diriger, dans ses plaidoiries ou « dans ses écrits, contre la religion, les principes de la monarchie, la Charte, les « lois du royaume ou les autorités établies, sera réprimée immédiatement, sur les « conclusions du ministère public, par le tribunal saisi de l'affaire, lequel pronon- « cera l'une des peines prescrites par l'art. 18 ; sans préjudice des poursuites extraor- « dinaires, s'il y a lieu. »

Art. 45.

« Le décret du 14 décembre 1810 est abrogé. Les usages observés dans le Bar- « reau, relativement aux droits et aux devoirs des Avocats dans l'exercice de leur « profession, sont maintenus. »

5°

A côté de ces dispositions exorbitantes et toutes politiques, il y a des améliorations.

Ainsi, le pouvoir dictatorial du Grand-Juge a disparu.

Ainsi, l'ordonnance ne parle plus de nominations d'office venant du tribunal, en matière civile.

Ainsi, les usages du Barreau relativement aux droits et aux devoirs des avocats sont formellement maintenus.

Ainsi, enfin, comme pour faire revivre l'ancienne coutume, qui, suivant l'expression de Pasquier et de Loisel, faisait du Barreau la pépinière de la magistrature, « les Cours doivent faire connaître « chaque année au ministre de la justice ceux des avocats qui se « seront fait remarquer par leurs lumières, leurs talents, et, surtout, « par la délicatesse et le désintéressement qui doivent caractériser « cette profession. » (1)

J'ignore si cette dernière disposition est exécutée.

Si elle l'est, c'est en dehors de tout renseignement demandé au Bâtonnier, au moins en ce qui touche mes prédécesseurs immédiats et moi-même ; et Philippe Dupin en disait autant après son Bâtonnat.

6°

Enfin, l'ordonnance renferme une disposition, nouvelle pour l'époque, mais empruntée aux anciennes traditions, et dont l'application eut pu présenter, quelquefois, d'assez grandes difficultés, si les conseils de discipline eussent partagé les idées du garde des sceaux ; je veux parler de l'art. 5, ainsi conçu : « Nul ne pourra être inscrit « sur le Tableau des Avocats d'une Cour ou d'un tribunal, s'il n'exerce « réellement près de ce tribunal ou de cette Cour. » (2)

---

(1) Art. 44.

(2) Voici, en effet, comment une circulaire du **6 janvier 1823** explique

§

Telles sont les nouveautés de l'ordonnance (1).

Elles donnèrent lieu à des réclamations et à une polémique plus vives encore que celles qui avaient accompagné le décret de 1810 (2).

Il n'y eut satisfaction pour quelques-unes qu'en 1830.

Un seul incident nous sépare de cette époque.

« *l'exercice réel :* « L'exercice de la profession d'Avocat s'annonce principalement « par l'assiduité au Palais, par la plaidoirie, par la rédaction habituelle et notoire « d'écrits judiciaires. Le succès et l'occupation sont pour tous le fruit des talents « et du temps. — Ainsi, tout avocat qui suit les audiences, qui se livre à la plaidoirie « quand l'occasion plus ou moins fréquente lui en est offerte, exerce véritablement « sa profession, autant qu'il est en lui de le faire. — Ainsi, tout avocat qui, sans suivre « le Palais, sans se livrer à la plaidoirie, s'occupe notoirement et habituellement de « rédiger des consultations, des mémoires, des avis et autres écrits judiciaires, exerce « encore sa profession — Mais aussi, et par opposition, tout avocat qui n'annonce point, « par un de ces faits faciles à constater, que son assiduité, ses efforts et son travail le « feront triompher des obstacles dont la carrière est parsemée, n'exerce pas réel- « lement sa profession, et ne peut aspirer à faire partie de l'Ordre. — Ainsi, des « signatures isolées, apposées de loin en loin sur des écrits judiciaires, sans aucune « autre démonstration de l'exercice réel de la profession, ne suffiront point pour « constituer l'avocat et lui donner le droit d'être porté au Tableau : ainsi, et à plus « forte raison, le gradué qui, placé dans ces dernières circonstances, se trouvera « de plus ne point résider au chef-lieu de la Cour ou du tribunal, de manière qu'il « ne pourrait offrir aux justiciables un accès, un recours facile, ne pourra être con- « sidéré comme avocat. »

La Circulaire accorde, aussi, au procureur-général un droit d'appel contre les décisions du Conseil relatives à la formation du Tableau ; mais la maxime que *les avocats sont maîtres de leur Tableau* a prévalu.

(1) **20 novembre 1822.** — *Ordonnance du Roi contenant réglement sur l'exercice de la profession d'Avocat et la discipline du Barreau.*

Bulletin des lois, VII, bulletin 566, 13757.

Duvergier, T. XXIV, p. 121.

(2) Voir, spécialement, l'*Examen de l'ordonnance du* 20 *novembre* 1822, *concernant l'Ordre des Avocats, par M. A. DAVIEL, avocat à la Cour royale de Rouen*. (*M. Dupin. Profession d'Avocat*, *Recueil de pièces*, etc., T. I, p. 617).

V.

Ordonnance du 10 mars 1825 (1).

Il eut lieu au mois de mars 1825.

Notre ministère n'est pas un mandat, dans le sens que la loi attache à ce mot. Nous ne représentons pas la partie; nous l'assistons.

De là, une difficulté qui nous fut faite, devant le tribunal de commerce.

Nous avons le droit de plaider devant toutes les juridictions; et nous l'exerçons, spécialement, devant le tribunal de commerce de Paris où nous trouvons des magistrats aussi éclairés et aussi bienveillants pour nous qu'il soit possible d'en trouver.

Mais l'art. 421 du Code de procédure, et l'art. 627 du Code de commerce exigent que les tiers qui défendent un plaideur absent devant le tribunal de commerce soient munis d'un pouvoir spécial.

Cette disposition s'appliquait-elle à nous? Evidemment non; car, alors, nous n'assisterions pas : nous représenterions la partie; nous serions responsables, et nous revêtirions, par l'acceptation d'un man-

---

(1) Entre le 20 novembre 1822 et le 10 mars 1825, on trouve, notamment :

6 janvier 1823. — *Circulaire de son Excellence le garde des sceaux, relative à l'exécution de l'ordonnance du* 20 *novembre* 1822. V. *suprà*, p. 148.

(*Duvergier*, T. XXIV, p. 158. — *Gillet*, p. 225.)

1823. — *Répertoire de la nouvelle Législation civile, commerciale et administrative, ou analyse raisonnée des principes consacrés par le Code civil, le Code de commerce et le Code de procédure; par les lois qui s'y rattachent; par la législation sur le contentieux de l'Administration, et par la Jurisprudence; par M. le baron FAVARD DE LANGLADE*, conseiller d'État, membre de la Chambre des députés et de la Cour de cassation et par d'autres Magistrats et jurisconsultes. — V° *Avocat*.

L'article est de M. DUPUY, Conseiller à la Cour royale de Paris.

dat, un des caractères de l'agence d'affaires que nos lois nous interdisent expressément.

Cependant, une *ordonnance du* 10 *mars* 1825 ayant renouvelé le texte des deux Codes, en y ajoutant ces mots : *quelle que soit sa profession ou son titre,* on pensa qu'il y avait lieu de nous l'appliquer ; mais le Conseil réclama près du garde des sceaux, et il fut reconnu que nous devions continuer à plaider sans avoir à nous munir d'un pouvoir. Il suffit qu'à défaut de la partie un mandataire nous assiste (1).

---

(1) **10 mars 1825.** — *Ordonnance du Roi qui prescrit de nouvelles formalités pour constater l'exécution de l'art.* 421 *C. pr. civ., et l'art.* 627 *C. de com.*

« Considérant que tout individu, *quelle que soit sa profession ou son titre,* qui « plaide devant le tribunal de commerce la cause d'autrui, doit, conformément à « l'art. 627, ci-dessus transcrit, être autorisé par la partie présente ou muni d'un « pouvoir spécial; etc..... »

Bulletin des lois, VIII, bulletin 23, 578.
Duvergier, T. XXV, p. 49.

SECTION IV.

De la Révolution de 1830 à la Révolution de 1848.

I.

Ordonnance du 27 août 1830 (1).

Quant à l'ordonnance réparatrice, elle parut le 27 août 1830.

---

(1) Entre l'ordonnance du 10 mars 1825 et la Révolution de 1830, on trouve, notamment :

13 février 1826. — *Décision du ministre de la justice.*

« Un avoué dont la nomination est révoquée ne peut être admis au Tableau des « Avocats » (*Analyse des circulaires,* etc., par M. GILLET).

19 mars 1827. — *Décision du ministre de la justice.*

« La présence au Barreau d'un seul avocat suffit pour nécessiter la confection « d'un Tableau. » — *(Analyse des circulaires, etc., par M. GILLET).*

6 janvier 1829. — *Décision du ministre de la justice.*

« Le Tableau des Avocats doit énoncer la date de leur réception. — La présence « au Barreau d'un seul avocat suffit pour nécessiter la formation d'un Tableau. » — *(Analyse des circulatres, etc., par M. GILLET).*

17 août 1829. — *Décision du ministre de la justice.*

« Les consultations signées par les avocats, lors même qu'elles sont gratuites, et « qu'elles ne sont pas produites devant les tribunaux, doivent être écrites sur papier « timbré. » (Loi du 13 brumaire an VII, art. 12. Avis du Comité des finances. V. Décision du 28 janvier 1809). — (*Analyse des circulaires, etc., par M. GILLET*).

1er décembre 1829. — *Discours prononcé à l'ouverture des Conférences de la Bibliothèque des Avocats, par M. DUPIN aîné, bâtonnier de l'Ordre.*

M. Dupin y traite de la profession d'Avocat, des études qu'elle exige, des devoirs qu'elle impose.

Les Stagiaires y trouveront, entre autres, ce passage :

« Aimons notre état, c'est le moyen le plus assuré d'y réussir et de s'y trouver « heureux. Efforçons nous d'honorer notre profession ; et, pour cela, ne craignons

Cette ordonnance rendit à l'assemblée générale le droit de nommer

« pas de nous en former une trop haute idée. — Jamais nous ne dirons rien d'elle, « qui puisse égaler ce qu'en ont dit avant nous les plus illustres magistrats, d'Agues-« seau surtout. Ce sentiment ne peut pas nous être imputé à vanité, car il n'engendre « pour nous que des obligations. Exalter cette noble profession, c'est dire que nous « ne pouvons que bien difficilement atteindre à tout ce qu'elle impose de devoirs et « de sacrifices, à tout ce qu'elle exige de capacité, d'application et de dévouement. « Du reste, si le Barreau moderne reste inférieur à l'ancien, ce sera notre faute ; « car les grandes occasions de bien faire et bien dire ne nous auront pas manqué !..... « De nos jours, en effet, l'état d'Avocat a acquis plus d'importance encore par le « développement de nos institutions, par l'établissement du gouvernement repré-« sentatif, la publicité des débats judiciaires, soutenue de la liberté de la presse, « et cette tribune nationale dont le labeur, en variant seulement les formes de la « discussion et du langage, n'est pour nous qu'une continuation de la profession « d'Avocat, puisqu'elle nous offre seulement une cause de plus à défendre, et la « plus belle de toutes, celle du pays !

« Un gouvernement constitutionnel est éminemment le gouvernement du droit. « Le mot légitimité dans toute sa puissance n'a pas d'autre sens. L'ordre légal peut « être raillé par les factieux ; il sera toujours ce qu'il y a de plus saint et de plus « respectable à nos yeux. — Interprètes de la législation, nous saurons en garder « le langage en invoquant son appui ; amis de la règle, et par là même ennemis « irréconciliables de l'arbitraire, tout droit blessé trouvera parmi nous des défen-« seurs. Fidèles à notre serment envers le prince, envers le pays ; organes indéfec-« tibles de la justice et des lois, et surtout de cette loi fondamentale, gage suprême « de notre avenir, et à laquelle nous avons, comme au Roi lui-même et avec lui, « juré d'obéir ; le droit public comme le droit privé nous trouvera prêts à faire, « en toute rencontre, le devoir de notre profession.

« C'est au sein de notre Ordre, que doit se trouver le type de ce courage civil « qui, dans les grandes épreuves de la vie sociale, rend l'homme capable des plus « généreux efforts et des sacrifices les plus rigoureux pour obéir à sa conscience, « et rester fidèle à sa conviction. — Ce genre de courage n'exige pas la vigueur « du corps, mais uniquement celle de l'âme : il s'appuie sur des doctrines arrêtées « et dont on s'est bien rendu compte ; il lui faut une vue nette du droit à exercer « ou du devoir à remplir ; il exige la fermeté de la vertu, la constance du sage « qu'aucun revers ne peut ébranler. »

1829. — *Encyclopédie moderne par* M. COURTIN, *ancien magistrat, et*

le Bâtonnier et les vingt membres du Conseil (1); et tout avocat inscrit au Tableau obtint le droit de plaider devant tous les tribunaux, sans autorisation; sauf les dispositions de l'art. 295 du Code d'instruction criminelle (2).

Telles sont les réformes obtenues après une lutte de vingt ans et grâce à une révolution (3).

---

une société de gens de lettres. V° *Barreau.*

L'article est de *M. Courtin.*

14-24 août 1830. — *Charte constitutionnelle.*

ART. 55. — « Les débats seront publics en matière criminelle, à moins que cette « publicité ne soit dangereuse pour l'ordre et les mœurs : et dans ce cas, le » tribunal le déclare par un jugement. — (*Bulletin des lois,* IX, bulletin 5, 59. — *Duvergier,* T. XXX, p. 110).

1830. — *Profession d'Avocat.* — *Recueil de pièces concernant l'exercice de cette profession, dédié au Roi par M. DUPIN aîné, avocat à la Cour royale de Paris, bâtonnier de l'Ordre.* 2 vol. in-8°, 1830.

Cet ouvrage est, sous un autre titre, la cinquième édition, considérablement augmentée, des *Lettres sur la profession d'Avocat et bibliothèque choisie des livres de droit qu'il est le plus utile d'acquérir et de connaître, par CAMUS.*

M. Dupin avait été l'éditeur, en 1818, de la quatrième édition. La cinquième, beaucoup plus ample, est très-complète. Le second volume est consacré à la bibliographie.

(1) Art. 1 et 3.

(2) Art. 4.

(3) **27 août 1830.** — *Ordonnance du Roi contenant des dispositions sur l'exercice de la profession d'Avocat.*

Le préambule constate qu'il s'agit « de faire cesser, dès ce moment, par des dispo- « sitions provisoires, les abus les plus graves et les plus universellement sentis. »

Et l'art. 5 porte : « Il sera procédé dans le plus court délai possible à la révision « définitive des lois et réglements concernant l'exercice de la profession d'Avocat. »

Bulletin des lois, IX, bulletin O, 7, 110.

Duvergier, T. XXX, p. 432.

II.

Ordonnance du 30 mars 1835 (1).

Cinq années étaient à peine écoulées, que cet esprit de faveur nous avait abandonnés, et qu'une ordonnance du 30 mars 1835 nous rattachait, non sans résistance, à la Cour des pairs, comme *Barreau spécial*, pour y subir, en matière politique, les nominations d'office que rejetaient les accusés, et nous voir frapper, au besoin, par la

(1) Entre l'ordonnance du 27 août 1830 et celle du 30 mars 1835, on trouve, notamment :

22 octobre 1830. — *Circulaire du ministre de la justice.*

« On recommande de requérir des officiers ministériels et des avocats le serment « prescrit par la loi du 31 août 1830. » *(Analyse des circulaires, etc., par M. GILLET).*

De 1830 à 1848, le serment a été celui-ci : « Je jure fidélité au Roi des Français, « obéissance à la Charte constitutionnelle et aux lois du royaume, de ne rien dire, « ni publier, comme défenseur ou conseil, de contraire aux lois, aux règlements, « aux bonnes mœurs, à la sûreté de l'État et à la paix publique ; et de ne jamais « m'écarter du respect dû aux tribunaux et aux autorités publiques. »

26 novembre 1832. — *Discours prononcé à l'ouverture des Conférences de la Bibliothèque des Avocats,* par PARQUIN, bâtonnier.

Les Stagiaires, entre autres passages, liront celui-ci : « M. Dupin, dans un de ses « meilleurs ouvrages, demandait spécialement la libre défense des accusés ; moi « je veux la libre défense partout, au civil comme au criminel. Je la veux, non « dans notre intérêt privé, non pour satisfaire à une vaine ardeur de parole, que le « bon sens public aurait bientôt proscrite et condamnée, mais dans l'intérêt sacré « de nos clients, pour éviter des erreurs presque irréparables, pour la meilleure, « pour la plus parfaite distribution de la Justice ; car, je le dis encore, je ne con- « çois pas de bonne, de saine justice, sans une complète liberté dans la défense. »

Parquin, né à . . . . , le 3 décembre 1783, batonnier en 1832-1833 et 1833-1834, — mort à Paris le 20 février 1839.

Mai 1833. — *Projet d'ordonnance sur l'exercice de la profession d'Avocat*

juridiction disciplinaire d'une assemblée dont nous n'avions pas l'honneur d'être connus, et qui, pour devenir, momentanément, une Cour de justice, ne se dépouillait pas entièrement de son caractère et de ses passions politiques (1).

---

et la discipline du Barreau, rédigé par le Conseil, à la demande de M. Barthe, garde-des-sceaux, et remis à ce ministre.

Les stagiaires le trouveront dans l'*Appendice*, à la suite de ce Discours.

22 novembre 1834. — *Discours sur l'alliance entre le Barreau et la Magistrature, par Philippe DUPIN, bâtonnier.*

Entre autres passages, les Stagiaires y liront celui-ci :

« A chacun ce qui lui appartient : c'est la devise de la Justice.

« La Magistrature a droit à nos respects ; mais le Barreau a droit à des égards.

« Il a besoin surtout de voir respecter son indépendance ; c'est en elle seule qu'il « peut trouver la force nécessaire pour accomplir sa mission. Elle seule peut « communiquer à ses paroles de l'éclat et de l'énergie : tout ce qui n'est point « libre est sans dignité.

« D'ailleurs, si le Barreau revendique, comme unique privilége, celui de l'indé- « pendance, c'est moins pour lui que pour ceux dont il doit être l'organe. Toutes « les libertés, tous les droits peuvent être attaqués ; ils peuvent dès lors avoir « besoin d'être défendus, et viennent se résumer en quelque sorte dans la liberté « de la défense. Cette liberté est donc la garantie de toutes les autres ; et comme « elle se personnifie dans l'avocat, on peut dire que l'indépendance du Barreau est « le patrimoine de tous les citoyens. »

Philippe Dupin, bâtonnier en 1834-1835 et 1835-1836, — né à Varzy, le 6 octobre 1795, — mort à Pise, le 14 février 1846.

(1) **30 mars 1835.** — *Ordonnance du Roi portant règlement sur l'exercice de la profession d'Avocat devant la Cour des Pairs.*

Tout avocat peut plaider devant la Cour des Pairs ; ceux du Barreau de Paris peuvent seuls être désignés d'office. — Mêmes droits, mêmes devoirs pour les Avocats, mêmes pouvoirs disciplinaires pour la Cour et son président, qu'en Cour d'assises.

Bulletin des lois, IX, Bulletin O, 1re section, 356, 5720.
Duvergier, T. XXXV, p. 65.

SECTION V.

De la Révolution de 1848 au 2 décembre 1851.

Il me reste à vous parler de deux impôts, d'une nature bien différente; l'un, que nous avons toujours payé volontairement, avec zèle, ardeur et générosité; l'autre, contre lequel nous avons toujours protesté.

Celui-ci est l'impôt des *patentes;* celui-là est la *désignation d'office* pour la défense des indigents, en matière civile.

I.

Loi des Finances du 15 mai 1850 (1).

La patente est un impôt spécial, inventé pour représenter les charges dont l'industrie et le négoce étaient grevés avant 1789 et

(1) Entre le 30 mars 1835 et le 15 mai 1850, on trouve, notamment :

Septembre 1835. — *Méditations sur le Barreau, par CHARRIÉ.*

28 novembre 1835. — *Discours de Ph. DUPIN, bâtonnier;* — à l'ouverture des Conférences. — *Sur le respect que l'Avocat doit, spécialement, avoir pour la loi.*

Les Stagiaires y liront, avec fruit, cette définition de notre profession, qui résume une grande partie de nos règles et de nos devoirs :

« J'ai dit que ces respects (pour la loi) étaient dans le devoir de l'avocat, plus « particulièrement encore que dans les devoirs du simple citoyen.

« En effet, c'est spécialement pour assurer le triomphe de la loi que notre pro- « fession a été créée.

« Consacrer ses veilles à l'étude des lois nombreuses et compliquées qui « régissent les immenses rapports d'une société civilisée ; expliquer sincèrement à « ses concitoyens les droits que ces lois leur assurent, les devoirs qu'elles leur « imposent; invoquer pour celui qu'on opprime la loi qui garantit sa liberté ; « pour celui qu'on accuse, la loi qui protège sa vie ; pour celui qu'on dépouille, « la loi qui défend sa fortune ; pour celui qu'on outrage, la loi qui venge son

indemniser l'État des dépenses spéciales qu'exige de lui la protection du commerce.

« honneur ; préparer, par des travaux consciencieux, par une parole loyale et « pure, ces oracles qui ne sont que l'application de la loi aux actes de la vie « civile ; telle est la noble mission de l'avocat. Soit qu'il fixe par ses réponses « l'incertitude de ses clients, ou qu'il réclame pour eux les bienfaits de la justice, « il est en quelque sorte la loi parlante, comme le magistrat est la loi agissante. »

28 mai 1836. — *Loi relative à la poursuite et au jugement des contraventions, délits et crimes commis par des Français dans les échelles du Levant et de Barbarie.*

A l'occasion de l'instruction qui a lieu devant le tribunal consulaire, l'art. 49 porte :

. . . .

« La partie civile sera entendue ; le prévenu ou son conseil, ainsi que les « parties civilement responsables, proposeront leur défense ; *la réplique sera permise à la partie civile,* mais le prévenu ou son conseil aura toujours la parole « le dernier . . . . — (*Bulletin des lois,* IX, bulletin 428, 6325, — *Duvergier,* T. XXXVI, p. 159.)

24 novembre 1836. — *Discours prononcé par M. DELANGLE*, bâtonnier, — à la séance d'ouverture des Conférences.

J'ai parlé, ailleurs (*Devoirs, Honneurs, etc., de la profession*), de ce discours, que les Stagiaires feront bien de relire souvent ; je n'en cite, ici, qu'un court fragment sur la nécessité du travail :

« Tous les hommes qui ont jeté quelque éclat au Barreau ont passé la plus « grande partie de leur vie dans des travaux dont l'énonciation nous effraierait, si « elle ne nous trouvait incrédules.

« Et pourtant ils ne cultivaient point une nature ingrate et rebelle. Cochin et « Gerbier étaient des intelligences d'élite, riches de leurs fonds non moins que des « conquêtes de l'étude : Cochin et Gerbier ont consumé dans des veilles obstinées « la plus belle partie de leur jeunesse ! Après des débuts éclatants, ils se sont « condamnés l'un et l'autre à la retraite, pendant six années, pour y acquérir des « forces égales aux devoirs qu'impose la profession. M. Henrion de Pansey a vécu « dix ans loin du monde, ignoré, livré à d'arides travaux, et demandant à la « science les avantages que la science seule peut donner . . . .

« Faites-donc ce qu'ont fait nos maîtres . . . . . . Les succès sont à ce prix. « Les talents naturels, la facilité de s'exprimer, la grâce du débit et du geste, « toutes ces facultés, qui peuvent assurer le succès ailleurs, ne suffisent point pour

Or, d'après les lois et les usages de notre profession, tout négoce nous est interdit; et, toute réclamation d'honoraires en justice en-

---

« faire l'avocat. Il ne peut devoir sa gloire qu'au travail ; l'éloquence ne répand la « vie que lorsqu'elle est nourrie de doctrine . . . .
« . . . . Étudiez! étudiez! mais que ce ne soit pas une résolution éphé- « mère ; qu'une volonté constante vous anime et vous soutienne ; encore une fois, « c'est à ce prix qu'est l'avenir de l'avocat. »

12 mai 1838. — *Décision du ministre de la justice.*

« Les tribunaux doivent demeurer étrangers à la nomination du Bâtonnier et du « Conseil de discipline ; mais si les avocats ne s'accordent pas à cet égard, ou s'ils « ne veulent pas se réunir pour exercer leurs droits, le tribunal de première ins- « tance devient Conseil de discipline et reprend naturellement les attributions qui « lui appartenaient, aux termes de l'ordonnance du 20 novembre 1822. » *(Analyse des circulaires, etc., par M. GILLET).*

24 novembre 1839. — *Discours de* PAILLET, *bâtonnier.* — Ouverture des Conférences.

Amour de notre état. — Droits et devoirs professionnels. — Obéissance aux lois. — Liberté de discussion. — Respect pour le Magistrat. — Indépendance du Défenseur.

J'ai cité, ailleurs (*Devoirs, Honneurs, etc.*), plusieurs passages de ce Discours.

Paillet (Alphonse-Gabriel-Victor), bâtonnier en 1839, 1839-1840, — né à Soissons, le 17 novembre 1796, — mort à Paris, le 17 novembre 1855.

4 décembre 1841. — *Discours de* M. MARIE, *bâtonnier.* — Ouverture des Conférences.

Après avoir, dans son premier Discours, montré les forces que l'avocat doit puiser dans l'étude de la théorie et indiqué par quels moyens la défense peut s'élever et s'agrandir, le bâtonnier, dans le second discours, développe la nature et la puissance de notre association et de nos règles traditionnelles, qu'il résume ainsi :

« . . . . . L'union formée, ne demandez pas d'où sont sortis les droits et les « devoirs de l'association ; ils sont sortis tous puissants et des traditions ressaisies du « Barreau antique, et des nobles inspirations de tant d'hommes, l'orgueil de notre « Ordre, dont la science et la vertu ont religieusement consacré les noms illustres.

« Et en effet, hiérarchie, indépendance, respect du droit et du devoir, probité « dans les relations, dévouement dans le patronage, discipline ferme et sévère, « tout ce qui constitue en un mot une organisation forte et vivace, est, dès cette « époque, volontairement, traditionnellement accepté par l'Ordre des Avocats ;

traîne notre radiation, la réclamation fût-elle juste et le tribunal en

« et le fait y est si éclatant même, qu'on serait tenté de se demander si les « liens de notre association n'ont pas été, depuis, plutôt relâchés qu'affermis par « les lois qui ont prétendu cependant les protéger de leur puissance. »

1842. — *Règles sur la profession d'Avocat suivies : 1° des lois et règlements qui la concernent ; 2° des précédents du Conseil de l'Ordre des Avocats à la Cour royale de Paris, avec des notes historiques et explicatives, par* M. MOLLOT, *avocat à la Cour royale, membre du Conseil de l'Ordre.* — Paris, Joubert, 1 vol. in-8°.

1842. — *Encyclopédie du Droit, ou Répertoire raisonné de Législation et de Jurisprudence en matière civile, administrative, criminelle et commerciale ; contenant par ordre alphabétique l'explication de tous les termes de droit et de pratique ; — un traité raisonné sur chaque matière ; — la jurisprudence des diverses Cours et du Conseil d'État ; — un sommaire des Législations étrangères.* Publié sous la direction de MM. SEBIRE et CARTERET, Avocats. — Paris, Mellier, 1842. — V° *Avocat*.

Le mot *Avocat* est de PHILIPPE DUPIN.

2 décembre 1843. — *Discours de M. CHAIX-D'EST-ANGE, bâtonnier.* — Ouverture des Conférences.

Le bâtonnier, qui, dans un premier discours, a exigé des stagiaires les études les plus variées et les plus fortes, passe en revue, dans le second, les règles principales de notre profession, confraternité, communication loyale des pièces, conciliation, modération, désintéressement, etc., etc.

13 décembre 1845. — *Discours de M. DUVERGIER, bâtonnier.* — Ouverture des Conférences.

Dans son discours de l'année précédente, le bâtonnier avait examiné divers objets de législation et de doctrine, et traité plusieurs points relatifs à notre profession. Dans celui-ci, il traite « des devoirs de notre profession, des règles auxquelles elle est « soumise, des traditions et des usages d'après lesquels elle se gouverne. »

1846. — *Jurisprudence générale. — Répertoire méthodique et alphabétique de législation, de doctrine et de jurisprudence en matière de droit civil, commercial, criminel, administratif, de droit des gens et de droit public.*

Nouvelle édition considérablement augmentée et précédée d'un *Essai sur l'histoire générale du Droit français* ; par M. D. DALLOZ aîné, député, etc.,

ordonnât-il le paiement. De plus, la loi met sur nous l'impôt de la

---

avec la collaboration de M. Armand DALLOZ, son frère, avocat, et celle de plusieurs jurisconsultes. — V° *Avocat.*

7 février 1846. — *Lettre du ministre de la justice.*

« Dans les villes où siége un tribunal maritime, il convient que le Bâtonnier des « avocats désigne des défenseurs d'office aux accusés traduits devant le tribunal « maritime, toutes les fois que la demande en sera faite. » *(Analyse des circulaires, etc., par M. GILLET).*

11 décembre 1847. — *Discours de* M. BAROCHE, *bâtonnier.* — Ouverture des Conférences.

Le bâtonnier avait, l'année précédente, « conseillé la patience » aux jeunes avocats : cette année, après les avoir exhortés à consulter leurs forces avant d'embrasser la profession, il examine plusieurs de nos règles, la confraternité, la modération, le désintéressement, le dévouement, etc.

13 septembre 1848. — *Lettre du ministre de la justice.*

« Le serment professionnel des avocats et des avoués est maintenu ; mais la formule « de l'ordonnance du 20 novembre 1822 n'étant plus possible, il faut se reporter à « l'art. 31 de la loi du 22 ventôse an XII. » *(Analyse des circulaires, etc., par M. GILLET).*

L'art. 31 de la loi du 22 ventôse an XII ordonne aux avocats et avoués « avant « d'entrer en fonctions, de prêter serment, de ne rien dire ou publier comme défen- « seurs ou conseils de contraire aux lois, aux réglements, aux bonnes mœurs, à la « sûreté de l État et à la paix publique ; et de ne jamais s'écarter du respect dû aux « tribunaux et aux autorités publiques. »

C'est le serment que nous prêtons encore aujourd'hui.

4 novembre 1848. — *Constitution de la République française.*

ART. 81. — « La justice est rendue gratuitement au nom du peuple français ; « Les débats sont publics, à moins que la publicité ne soit dangereuse pour l'ordre « et les mœurs, et, dans ce cas, le tribunal le déclare par un jugement. » — *(Bulletin des lois,* X, bulletin 87, 825. — *Duvergier,* T. XLVIII, p. 360).

26 octobre 1849. — *Réglement d'administration publique déterminant les formes de procéder du tribunal des conflits.*

ART. 4. — « Les Avocats au Conseil et à la Cour de cassation peuvent être

défense gratuite. Voilà, certes, de singulières conditions pour être soumis à la patente (1).

C'est à la patente, cependant, que nous a soumis la loi du 15 mai 1850 (2).

« chargés par les parties intéressées, de présenter devant le tribunal des conflits « des mémoires et des observations. » — (*Bulletin des lois*, X, bulletin 206, 1684. — *Duvergier*, T. XLIX, p. 368).

(1) En 1834, Ph. *Dupin* disait :

« Au cours de cette année, une autre tribulation a menacé notre Ordre, mais ne l'a « pas atteint. Des hommes, habiles surtout à rapetisser tout ce qu'ils touchent, avaient « formé le projet de vous soumettre au joug de la patente, qui blesse si profondé- « ment les principes de notre profession, et dont les législateurs de 1793 eux-mêmes « avaient reconnu la convenance et la nécessité de nous affranchir. Heureusement « le projet n'a pas reçu son exécution. S'il était repris, nous aurions à le combattre. « Mais, quoiqu'il advienne, j'ai cru de mon devoir de protester à l'avance, au nom « de l'Ordre, contre une mesure si profondément subversive des idées généreuses « qui font la base de nos devoirs et la règle de nos rapports. » — (*Ouverture des Conférences* du 22 novembre 1834).

En 1835, le Conseil de l'Ordre publia :
Réflexions sur l'article du projet de loi tendant à imposer la patente à la profession d'Avocat.

Enfin, en décembre 1849, il adressa à l'Assemblée législative un mémoire intitulé :
Observations du Conseil de l'Ordre des Avocats à la Cour d'Appel de Paris sur l'Impôt de la Patente ; auquel adhérèrent les avocats d'Agen, de Bastia, Besançon, Bourges, Dijon, Lyon, Metz, Pau, Poitiers, Riom et Rouen.

Les Stagiaires y trouveront résumées toutes les raisons qui devaient faire rejeter la loi.

(2) **15 mai 1850.** — *Loi portant fixation du Budjet des recettes de l'exercice* 1850.

Bulletin des lois, X, bulletin 259, 2128.
Duvergier, T. L, p. 170.

II.

Loi du 22 janvier 1851 (1).

La désignation d'office, en matière civile, est régularisée par la *loi du 22 janvier* 1851.

Le Barreau y intervient : par la nomination des avocats faisant partie des bureaux d'assistance judiciaire, — qui appartient au Conseil ; par la nomination des avocats d'office, — qui appartient au Bâtonnier ; et par la Plaidoirie, — qui est le droit et le devoir des avocats désignés (2).

§

Je dois vous rappeler, à cette occasion, qu'au civil comme au criminel, les désignations sont personnelles et qu'il n'est permis ni à

(1) Entre le 15 mai 1850 et le 22 janvier 1851, on trouve, notamment :

7 décembre 1850. — Discours de M. Gaudry, bâtonnier. — Ouverture des Conférences. — *Le patronage des Anciens.*

« Je veux, dit le bâtonnier, vous parler du devoir le plus doux et qui fait le « charme de notre existence au Barreau, du patronage des anciens Avocats, et de « cette heureuse réciprocité qui leur rend, en affection filiale, ce qu'ils donnent en « bienveillance paternelle. » Et, en développant cette idée, il insiste sur la loyauté des communications de pièces, le désintéressement, la courtoisie réciproque des discussions, etc.

(2) **22 janvier 1851.** — *Loi sur l'Assistance judiciaire.*

Les art. 2 et 3 indiquent le nombre des avocats qui doivent entrer dans les Bureaux d'Assistance ; l'art. 43 parle de la désignation par le bâtonnier ; l'art. 14 dispense provisoirement l'assisté du paiement des honoraires.

L'art. 28 rappelle l'art. 294 du Code d'instruction criminelle pour la défense d'office devant la Cour d'assises et l'art. 29 l'introduit en faveur des indigents devant les tribunaux correctionnels, mais seulement pour le cas où ce secours est réclamé.

Bulletin des lois, X, bulletin 346, 2680.
Duvergier, T. LI, p. 16.

celui qui en a été honoré de les transmettre, ni à celui qui n'est pas désigné de les recevoir, sous quelque prétexte que ce soit. Quand l'avocat nommé est empêché ou quand il prévoit qu'il peut l'être, il doit en référer au Bâtonnier, qui, seul, a droit d'apprécier et de pourvoir.

Ces désignations renferment une obligation sacrée, dont je ne puis trop hautement vous recommander l'accomplissement religieux.

La probité la plus vulgaire exige de vous que toute affaire soit travaillée et suivie avec un soin, une attention, une exactitude qui ne laissent pas la plus petite place au plus petit reproche. Dans les causes des pauvres, il y a plus encore; la voix de l'humanité vient se joindre à celle du devoir professionnel.

Que le magistrat — je vous en supplie, pour votre honneur et pour l'honneur de notre profession, — que le magistrat n'aperçoive donc jamais de différence entre les causes d'office et les autres, si ce n'est pour y trouver, si cela est possible, encore plus de travail, d'exactitude, de zèle et de scrupule.

Songez que lorsque le Bâtonnier vous donne un malheureux à défendre, il vous confie momentanément le drapeau de l'Ordre. Faites donc en sorte que, dans vos mains, ce drapeau se conserve tel qu'il a toujours été, sans reproches et sans peur.

SECTION VI.

Du 2 décembre 1851 au 22 mars 1852.

Décret du 22 mars 1852 (1).

La clôture de cette longue revue se trouve dans le *décret du*

---

(1) Entre la loi du 22 janvier 1851 et le 22 mars 1852, on trouve, notamment :

22 novembre 1851. — *Discours sur la Conférence des jeunes Avocats, par* M. GAUDRY, *bâtonnier*. — Ouverture des Conférences.

Le Bâtonnier rappelle plusieurs des Lois et Ordonnances qui ont établi notre discipline, et insiste sur l'assistance gratuite, sur l'utilité de la Conférence fondée par notre confrère de Riparfonds, sur la confraternité, et l'aide que les anciens doivent aux nouveaux.

§

Depuis le 22 mars 1852 jusqu'à mon bâtonnat (novembre 18[illegible]6), on trouve, notamment :

30 avril 1852. — *Lettre du ministre de la justice.*

« Les décrets du 22 mars et du 5 avril 1852 n'ayant pas astreint les avocats au ser-
« ment politique, ils restent sous l'empire de la législation qui ne les soumet qu'au
« serment professionnel. La jurisprudence de la Cour de Cassation qui a annulé,
« pour excès de pouvoirs, des jugements auxquels avaient concouru des avocats qui
« n'avaient pas prêté le serment exigé par la loi du 31 août, n'est pas applicable. »
(Analyse des circulaires, etc., par M. GILLET).

10 juillet 1852. — *Sénatus-Consulte sur l'organisation de la Haute-Cour de justice.*

Art. 12. — « Sa juridiction s'étend sur tout le territoire de la République.
« Elle procède selon les dispositions du Code d'instruction criminelle.

Art. 17. — « Les dispositions, formes et délais prescrits par le Code d'instruc-
« tion criminelle, non contraires à la Constitution et à la présente loi, seront observés
« devant la Haute-Cour. » — (*Bulletin des lois*, X, bulletin 556, 4222. — *Duvergier*, T. LII, p. 477).

1852. — *Abrégé des Règles de la profession d'Avocat*, *par* M. MOLLOT,

22 *mars* 1852, qui a transporté au Conseil le choix du Bâtonnier; défendu aux assemblées générales d'élire, pour membres du Conseil, des avocats qui ne seraient pas, depuis dix années, inscrits sur notre Tableau; autorisé le Conseil à enlever à ceux qu'il punit le droit d'être élus pendant dix années; donné au Conseil le choix des Secrétaires de la Conférence, sur la présentation du Bâtonnier; et exclu du concours les Stagiaires frappés de peines disciplinaires (1).

---

juge au tribunal de la Seine, ancien avocat à la Cour d'appel de Paris, ancien membre du Conseil de l'Ordre. 1 vol. in-12.

Cet excellent petit livre, fait à la demande du Conseil, est distribué par son ordre à chacun des Avocats qui se présente au stage.

Le premier devoir des stagiaires est de le lire et de le méditer.

9 décembre 1852. — *Discours de* M. BERRYER, *bâtonnier.* — Ouverture des Conférences.

Le Bâtonnier, après avoir insisté sur l'utilité des Conférences, fait connaître les immenses avantages qui résultent, pour nous, pour nos clients et pour la justice, de la pratique fidèle de nos règles.

18 juillet 1854. — *Décret impérial qui institue un Conseil des prises à Paris.*

L'art. 7 réserve aux seuls *avocats au Conseil-d'État* le droit de signer les mémoires et requêtes. — (*Bulletin des lois*, XI, bulletin 203, 1833. — *Duvergier*. T. LIV, p. 435).

30 novembre 1854. — *Discours de* M. BETHMONT, *bâtonnier.* — Ouverture des Conférences.

Le Bâtonnier y traite : « de notre discipline et de l'amour que tout Avocat doit « avoir pour elle..... c'est-à-dire de l'ensemble des usages, des règles, des devoirs « des mœurs traditionnelles qui nous sont propres, qui depuis plus de cinq cents « ans caractérisent notre profession et lui impriment cette beauté morale qui doit « nous la faire aimer. »

(1) **22 mars 1852.** — *Décret relatif aux élections du Barreau.*
Bulletin des lois, X, bulletin 506, 3839.
Duvergier, T. LII, p. 245.

CONCLUSION.

Tel est l'ensemble des lois et des réglements qui ont régi et qui régissent notre profession, au moment où je vous parle.

Mettez à part ce qui tient à quelques circonstances politiques et que le temps a, successivement, inscrit, effacé, reproduit, pour l'effacer encore ; et vous y trouverez une série de dispositions destinées à assurer, d'une manière complète, en ce qui nous concerne, le service de la justice, et à faire vivre, parmi nous, les traditions de probité, de savoir et d'indépendance, sans lesquelles notre profession n'existe pas.

Nous ne sommes pas encore revenus au point où se trouvait notre Ordre en 1790 ; mais il faut tout espérer du temps et profiter de ce que nous donnent, dès aujourd'hui, nos lois et nos usages pour aller jusqu'au but qu'ils ont voulu atteindre.

Ce but est de vous rendre d'excellents avocats, c'est-à-dire des hommes de la plus parfaite délicatesse, insouciants de toute faveur, au-dessus de toute crainte, et doués d'autant de sagesse pour le Conseil que d'habileté pour la défense écrite ou parlée.

Écoutez donc et suivez ponctuellement leurs préceptes ; ne marchez jamais que dans la voie du bien, et marchez-y avec intrépidité et constance.

§

Faites plus.

Que l'enseignement qui sort de notre institution ne s'applique pas seulement à votre existence professionnelle. Étendez-le à votre vie entière ; adoptez, pour tous vos actes, une règle immuable ; — et que cette règle soit *le respect absolu et permanent du Droit.*

Il n'y a pas de droit contre le droit, a dit Bossuet.

Et Bossuet a raison.

Le droit seul est maître légitime du monde; la force et la ruse n'en sont que les usurpatrices.

Le droit ne craint ni violence ni torture; il se rit de tout obstacle; il échappe à toute conquête; il n'y a, pour lui, ni confiscation, ni exil. En le créant, Dieu lui a dit: « Sois immortel! » Et on cherche encore un geôlier qui l'enferme et un bourreau qui sache le tuer.

On croit l'avoir égorgé du glaive; et on le retrouve vivant au fond des cœurs ou réfugié dans la conscience, qui lui offrent leurs temples et lui consacrent leurs autels.

C'est dans le palais même d'Octave, et malgré ses faveurs, que la muse d'Horace et celle de Virgile, échos involontaires de l'univers enchaîné, chantent la vie et la mort de Caton, dont, plus tard, Lucain célébrera la cause vaincue, en la mettant au-dessus de celle de César, couronnée par les dieux (1)!

Telle est la force du droit.

§

Et croyez que ce qui est vrai du grand n'est pas moins vrai du petit; l'histoire des puissants du monde n'a pas, quoiqu'on en dise,

---

(1) HORACE :

. . . . Catonis
Nobile lethum
LIBRO I, — *Ode* 12, — *V*. 35 et 36.

VIRGILE :

Secretos que pios : his dantem jura Catonem.
ÉNÉÏDOS, — LIB. VIII, — *V*. 670.

LUCAIN :

Victrix causa Diis placuit; sed victa Catoni.
PHARSALIA, — LIB. I, — *V*. 128.

de règle, qui, en morale, la fasse différente de l'histoire vulgaire d'un simple citoyen ; le droit et la justice sont les mêmes pour tous.

Faites donc en sorte d'avoir, dans tous les accidents de la vie, le droit et la justice pour consolateurs.

Faites-le, spécialement, au Barreau, par le choix scrupuleux de vos causes ; car vous entrez dans une carrière où les succès et les revers se croisent chaque jour, et dans laquelle le cœur d'un homme généreux ressent à chaque instant le contre-coup de ses défaites et de ses victoires ; or, le seul baume des blessures morales, c'est la conviction d'avoir toujours fait son devoir, et de n'avoir jamais cédé qu'aux conseils de la justice et de la probité.

§

Ce ne sont pas les exemples domestiques qui vous manqueront. Je ne parle pas des vivants ; je ne veux blesser la modestie de personne. Je ne parle que des morts. Lisez leurs œuvres et étudiez l'histoire de leur vie. Prenez pour guides les plus vertueux, les plus savants, les plus éloquents. Puisez là les nobles sentiments que donnent le commerce habituel des grands esprits et la fréquentation assidue des grandes âmes. Opposez sans cesse leurs enseignements à la réalité, quelquefois si triste, des affaires humaines; et que leur souffle inspirateur se fasse sentir dans vos paroles, dans vos écrits, et, surtout, dans vos actions !

Ayez donc, je vous le souhaite, la science et la profondeur de Dumoulin ; la pureté de style de Patru ; la simplicité, la clarté, la précision, le nerf de Cochin ; l'élévation et le pathétique de Gerbier ; la force et la dialectique de Tripier ; la raillerie de Mauguin ; la grâce d'Hennequin ; la finesse et le sourire de Paillet ; l'abondance, la verve, la variété de Philippe Dupin ; la simplicité de mœurs, la probité rigide, la délicatesse, le désintéressement de Montholon, de Lenormand, de Ferey, de Poirier, de Billecoq, de Delacroix-Franville, de Gairal..... Qu'ils revivent en vous, et que la gloire de vos noms viennent s'ajouter à notre trésor commun, la gloire de notre profession !

§

Et, maintenant, chers enfants, séparons-nous !

Vous, qui restez dans la Conférence, je sais à quelles dignes mains je vous confie ; c'est pour moi une grande consolation. Ayez pour celui qui va vous guider respect, confiance, sympathie. Il le mérite à tous égards, et il vous aimera comme je vous aime (1).

Vous, qui sortez du Stage, allez où vous appellent vos destinées ; allez vous consacrer à la défense de vos concitoyens, en vous disant que travailler pour la justice et la vérité, c'est travailler pour la patrie ; — la patrie, qui a, aussi, sa cause, la plus grande, la plus belle, la première de toutes, et que vous ne devez jamais mettre en oubli.

Adieu donc, chers confrères !

Soyez, les uns et les autres, soyez certains que mon cœur et mes vœux vous suivront partout, et que mon bonheur le plus grand sera de vous retrouver à la Barre et d'y saluer vos succès !

---

(1) M. PLOCQUE.

APPENDICE.

APPENDICE.

Cet Appendice comprend deux documents : 1° un *Projet de Réglement sur l'exercice de la profession d'Avocat ;* 2° une *Liste générale, par ordre chronologique, des Lois, Ordonnances, Décrets, Réglements, etc., où il est parlé des Avocats, et qui sont cités dans cet Opuscule.*

Voici ce qui donna naissance au premier document :

En 1833, M. Barthe, notre ancien confrère, étant Garde-des-Sceaux, demanda au Conseil de l'Ordre de lui soumettre un projet d'ordonnance pour le réglement de notre profession.

Après discussion dans les séances des 22, 29, 30 avril et 7 mai, le Conseil adopta un projet qu'il présenta immédiatement au Ministre.

Depuis cette époque, le projet est resté dans les cartons.

Il m'a paru qu'il était d'une grande utilité, pour les Stagiaires, de le bien connaître ; ils y verront, en effet, de quelles améliorations nos réglements actuels sont susceptibles, et avec quelle sagesse le Conseil a signalé ces améliorations au Ministre de la justice.

Quant à la *Liste générale*, c'est un premier essai, auquel, sans doute, il manque beaucoup : mais cet essai doit pouvoir, dès à présent, guider un peu les Stagiaires dans l'étude de nos lois spéciales ; et, peut-être, conduira-t-il, par la suite, l'un d'eux à faire, sur le même sujet, un travail plus complet.

I.

PROJET DE RÉGLEMENT

Sur l'exercice de la profession d'Avocat,

PRÉSENTÉ A M. BARTHE, GARDE-DE-SCEAUX,

Au nom de MM. les Avocats à la Cour royale de Paris,

Par une députation du Conseil de l'Ordre, composée de MM. Gairal, Thévenin, Mollot, Duvergier, Vatimesnil et Parquin, bâtonnier (1).

TITRE Ier.

DE LA PROFESSION D'AVOCAT.

ARTICLE 1er. — Nul ne pourra prendre le titre ni exercer la profession d'Avocat, s'il n'est inscrit sur un Tableau d'Avocats ou admis au stage.

ART. 2. — Les Avocats inscrits au Tableau formeront seuls l'Ordre des Avocats dans chaque Cour ou Tribunal.

ART. 3. — Partout où il existe un Tableau d'Avocats, le droit de plaider devant les Cours et Tribunaux civils, même dans les causes sommaires, appartient exclusivement aux Avocats.

Les Avoués pourront expliquer les incidents de procédure, dans les causes où ils occupent.

Les anciens Avoués licenciés, qui ont le droit de plaider et d'écrire, aux termes de l'art. 32 de la loi du 22 ventôse an XII, le conserveront comme par le passé.

ART. 4. — Les Avocats inscrits au Tableau dans le lieu ou siége une Cour Royale, ont droit de plaider devant toutes les Cours et tous les Tribunaux du royaume.

Les Avocats, inscrits au Tableau près d'un Tribunal, pourront plaider devant tous

(1) Les Stagiaires le trouveront, aussi, dans l'ouvrage de M. MOLLOT, IIe Partie, titre XI, p. 247.

les Tribunaux de première instance du royaume, et devant la Cour d'assises de leur département.

Art. 5. — L'Avocat, nommé d'office à la défense d'une affaire civile, par le bâtonnier, et, dans les causes criminelles, par le président de la Cour d'assises, conformément à l'art. 295 du Code d'instruction criminelle, ne pourra refuser son ministère sans excuses légitimes. Ses motifs seront jugés par le Conseil de l'Ordre.

Art. 6. — L'Avocat communiquera librement avec son client détenu.

Art. 7. — La défense est libre, tant au civil qu'au criminel. L'Avocat parle couvert; il ne pourra se permettre, dans ses plaidoiries ou dans ses écrits, aucune attaque contre les lois, l'ordre public ou les bonnes mœurs.

Art. 8. — La profession d'Avocat est incompatible avec toutes les fonctions de l'Ordre administratif ou judiciaire, qui ne seraient pas gratuites, avec les fonctions de Greffiers, de Notaires, d'Avoués et de tous autres Officiers ministériels, avec celles de Professeurs dans les Universités, autres que les Professeurs en droit, avec les emplois à gage et ceux d'agent comptable, avec toute espèce de négoce.

En sont exclues toutes personnes exerçant ou ayant exercé l'état d'agent d'affaires.

Art. 9. — L'étranger n'est pas apte à exercer la profession d'Avocat, s'il n'est naturalisé français.

Art. 10. — Le licencié en droit, qui voudra être reçu Avocat, prêtera serment devant une Cour royale, ou devant un tribunal, en ces termes :

« Je jure fidélité au Roi des Français, obéissance à la Charte constitutionnelle et
« aux Lois du Royaume; de ne point m'écarter du respect dû aux Tribunaux, et de
« ne conseiller ou défendre aucune cause que je ne croirai pas juste en mon âme
« et conscience. »

TITRE II.

DU STAGE.

Art. 11. — Pour être inscrit au Tableau d'une Cour ou d'un Tribunal, il faut avoir fait un stage.

Art. 12. — Le récipiendaire ne sera admis au stage qu'autant qu'il présentera des renseignements satisfaisants sur sa moralité.

Art. 13. — Le stage se fait en assistant exactement aux audiences des Cours ou Tribunaux et aux conférences présidées par le Bâtonnier.

Art. 14. — La durée du stage sera de trois années, sauf ce qui est dit à l'art. 33.

Il ne pourra pas être interrompu pendant plus de trois mois, sans congé du Bâtonnier.

Art. 15. — Les Avocats stagiaires auront droit de plaider. Ils pourront aussi consulter, sauf les cas exceptés par la loi.

Art. 16. — La preuve du stage sera faite par un certificat du Bâtonnier.

Art. 17. — L'Avocat qui, ayant fait un premier stage ou même ayant obtenu l'inscription au Tableau, aurait quitté la profession pour exercer des fonctions incompatibles, autres que celles de la magistrature, est tenu de recommencer le stage.

Néanmoins, pour des considérations graves, le Conseil pourra dispenser de tout ou partie du stage.

TITRE III.

DU TABLEAU.

Art. 18. — Il sera fait un Tableau des Avocats exerçant près d'une Cour royale, ou d'un Tribunal de première instance.

Art. 19. — Pour être inscrit sur le Tableau des Avocats d'une Cour royale, il sera nécessaire d'avoir fait le stage près d'une Cour.

Pour être porté au Tableau près d'un Tribunal, il suffira que ce stage ait été fait devant ce Tribunal ou tout autre.

Il n'y aura qu'un seul Tableau pour les Avocats exerçant près la Cour royale et le Tribunal de première instance de la même ville.

Art. 20. — L'admission au Tableau ne sera prononcée qu'autant qu'il sera reconnu que le stagiaire satisfait aux conditions de délicatesse, de désintéressement et d'honneur, qui doivent distinguer la profession d'Avocat.

Art. 21. — La date de l'inscription au Tableau constitue le rang d'ancienneté, entre les Avocats du même Tableau.

Art. 22. — Les Avocats de Cour royale qui s'établiront près d'un Tribunal, y prendront la date qu'ils avaient au stage ou sur le Tableau de leur Cour.

Art. 23. — Le Tableau sera dressé par le Conseil de l'Ordre dans les trois premiers mois de chaque année judiciaire; il sera signé et déposé par le Bâtonnier au greffe de la Cour ou du Tribunal.

TITRE IV.

DU CONSEIL DE L'ORDRE.

Art. 24. — Le Conseil de l'Ordre sera composé de trois membres, y compris le Bâtonnier, dans les villes où le nombre des Avocats inscrits au Tableau sera de six à quinze; de cinq, si ce nombre est de quinze à vingt-cinq; de sept, s'il est de vingt-cinq à quarante; de onze, s'il est de quarante à cent; de quinze, s'il est de cent et au-dessus; de vingt-un à Paris.

Dans le cas où le nombre des Avocats serait au-dessous de six, le pouvoir disciplinaire sera exercé par le Conseil de l'Ordre des Avocats près la Cour royale.

Art. 25. — Le Bâtonnier est élu par l'Assemblée de l'Ordre composée de tous les Avocats inscrits au Tableau.

L'élection a lieu par un scrutin individuel, à la majorité absolue des membres présents.

Art. 26. — Le Conseil de l'Ordre sera élu par la même assemblée, au scrutin de liste et à la majorité relative des membres présents.

Art. 27. — S'il s'élève des difficultés sur l'élection, elles seront décidées, séance tenante, et provisoirement par le bureau composé comme il est dit dans l'art. 29.

Les réclamations contre les décisions du bureau seront portées devant le Conseil de l'Ordre à la séance qui suivra l'élection contestée.

Art. 28. — Il sera procédé aux élections dans la première quinzaine du mois d'août de chaque année. Le Bâtonnier et le Conseil nouvellement élus n'entreront en fonctions qu'au premier novembre suivant.

Art. 29. — Le Bâtonnier est le chef de l'Ordre et le Président du Conseil. Il convoque et préside l'assemblée générale de l'Ordre, toutes les fois que le Conseil juge nécessaire de la réunir.

Lorsqu'il s'agit de procéder aux élections, il désigne deux membres du Conseil. au moins, pour composer avec lui le bureau..

Il préside aussi les Conférences tenues, soit pour l'instruction des Avocats stagiaires, soit pour les consultations gratuites réclamées par les indigents; il y appellera des Avocats inscrits au Tableau.

Art. 30. — Le Conseil élira dans son sein, et pour le temps de sa durée seulement, un secrétaire et tels autres fonctionnaires qu'il jugera utile d'adjoindre au Bâtonnier pour l'administration intérieure de l'Ordre.

Art. 31. — Les attributions du Conseil de l'Ordre consistent :

1° A prononcer sur les demandes en admission au stage;

2° A prononcer sur celles en admission au Tableau, et sur les difficultés relatives au rang d'inscription ;

3° A régler les changements, omissions et difficultés auxquels peut donner lieu la composition annuelle du Tableau;

4° A veiller à la conservation de l'honneur et de la dignité de l'Ordre;

5° A surveiller la conduite des stagiaires;

6° A réprimer les fautes commises par les Avocats dans l'exercice de leur profession;

7° A administrer, acquérir et aliéner au nom de l'Ordre.

Art. 32. — Aucune délibération ne sera prise par le Conseil, si la moitié plus un de ses membres ne se trouvent réunis. Le Conseil délibère à la majorité absolue des membres présents. En cas de partage, la voix du Bâtonnier, ou du membre le plus ancien qui préside, est prépondérante; s'il s'agit d'appliquer une peine disciplinaire, l'opinion la plus favorable à l'inculpé prévaudra.

Art. 33. — Dans le cas d'inexactitude habituelle, d'interruption sans congé, ou d'inconduite notoire, le Conseil peut prolonger la durée du stage, ou même rayer du stage.

Art. 34. — Les peines de discipline, que le Conseil de l'Ordre peut prononcer contre les Avocats inscrits au Tableau, sont :

L'avertissement;

La réprimande;

L'interdiction temporaire qui ne pourra excéder une année;

La radiation du Tableau.

Art. 35. — L'Avocat, puni de l'interdiction temporaire, sera mis à la fin du Tableau.

Art. 36. — Les opinions, discours ou écrits politiques de l'Avocat ne sont pas soumis au pouvoir disciplinaire.

Art. 37. — Aucune des peines portées par les art. 33 et 34 ne peut être appliquée à l'Avocat inculpé, sans qu'il ait été préalablement entendu ou appelé par lettre du Bâtonnier, cinq jours à l'avance.

Art. 38. — L'Avocat, inscrit au Tableau, contre lequel le Conseil de l'Ordre aura prononcé l'interdiction temporaire ou la radiation, pourra se pourvoir contre la décision devant la Cour royale du ressort, dans les dix jours de la communication, qui lui en aura été donnée par lettre du Bâtonnier.

L'appel sera interjeté par acte signé au greffe de la Cour, qui statuera en audience publique, deux chambres réunies.

Art. 39. — L'Avocat qui aura été omis lors de la formation du Tableau, pourra porter devant le Conseil sa demande, afin d'y être rétabli. Si cette demande est rejetée, il aura droit de se pourvoir contre la décision, conformément à l'article précédent.

Art. 40. — Il n'y aura lieu à appel des décisions du Conseil de l'Ordre que dans les cas prévus par les art. 38 et 39.

Art. 41. — En aucun cas, le ministère public, ne pourra se pourvoir contre les décisions du Conseil.

Art. 42. — Si la conduite de l'Avocat à l'audience, ou la publication de ses écrits sur procès, était de nature à donner lieu à des poursuites disciplinaires, il sera renvoyé devant le Conseil de l'Ordre qui lui appliquera, s'il y a lieu, l'une des peines portées par l'art. 54, sans préjudice de l'application des lois sur la police de l'audience.

TITRE V.

DISPOSISIONS TRANSITOIRES.

Art. 43. — Les Conseils dont la nomination aura été faite, en conformité de l'Ordonnance du 30 août 1830, seront maintenus jusqu'au mois d'août prochain. Ils se conformeront, dans l'exercice de leurs attributions, aux dispositions nouvelles, à partir de la promulgation de la présente Ordonnance.

Art. 44. — Les Décrets du 14 décembre 1810 et 2 juillet 1812, les Ordonnances des 27 février et 20 novembre 1822 et celles du 27 août 1830 sur la profession d'Avocat sont abrogés. Les usages observés dans le Barreau relativement aux droits et aux devoirs des Avocats dans l'exercice de leur profession, sont maintenus.

Le Bâtonnier de l'Ordre,
J.-B.-N. PARQUIN.

J. B. DUVERGIER, *Secrétaire.*

II.

LISTE GÉNÉRALE

PAR ORDRE CHRONOLOGIQUE

DES

LOIS, ORDONNANCES, DÉCRETS, RÉGLEMENTS, ETC.

où il est question, directement ou indirectement, des Avocats

ET QUI SONT CITÉS DANS CET OPUSCULE.

XVe SIÈCLE.

(1) Tit. III et XIII

Non citées dans l'Opuscule.

On les trouve à la suite des *coutumes du baillage de Saint-Mihiel*, p. 21 et 51 de l'édition in-12 (Nancy, Thomas père et fils, 1782).

XVIIIe SIÈCLE.

(1) Non cité dans l'Opuscule. — V. *Duvergier*, T. III, p. 305.

(2) Non cité dans l'Opuscule. — V. *Duvergier*, T. VI, p. 211.

(3) Non cité dans l'Opuscule. — V. Bulletin des lois, II, 74, n° 690. — *Duvergier*, T. IX, p. 179.

Année. | Page.

XIXe SIÈCLE.

(1) Non citée dans l'Opuscule. — V. *Bulletin des lois*, VII, 17, n° 83. — *Duvergier*, T. XX, p. 37.

(1) Non cité dans l'Opuscule. — V. *Bulletin officiel des actes du Gouvernement d'Algérie.* — p. 24, n° 17.

ANNÉE. PAGE.

(1) Non cité dans l'Opuscule. — V. *Bulletin officiel des actes du Gouvernement d'Algérie.* — T. 0, p. 222, n° 157.

(2) Non citée dans l'Opuscule. — V. *Bulletin des lois*, IX, 0, 324, n° 5452. — *Duvergier*, T. XXXIV, p. 264.

(3) Non cité dans l'Opuscule. — V. *Bulletin officiel des actes du Gouvernement d'Algérie.* — T. Ier, p. 33, n° 10.

(4) Non cité dans l'Opuscule. — V. *Bulletin officiel des actes du Gouvernement d'Algérie.* — T. Ier, p. 89, n° 34.

(5) Non cité dans l'Opuscule. — V. *Bulletin officiel des actes du Gouvernement d'Algérie.* — T. Ier, p. 208, n° 99.

(6) Non cité dans l'Opuscule. — V. *Bulletin officiel des actes du Gouvernement d'Algérie.* — T. Ier, p. 385, n° 196.

ANNÉE.			PAGE.
1837.	13 juillet . . —	Arrêté du gouverneur-général, *qui règle l'exercice et la discipline des professions de défenseur et d'huissier près les tribunaux d'Afrique. (Monopole des défenseurs, chambre de discipline, etc.)* (1).	
1838.	11 mai . . . . —	Décision du Ministre de la Justice. (*Nomination du bâtonnier, etc.*)	165
1841.	28 février. . —	Ordonnance du Roi, *sur l'organisation de la justice en Algérie. (Procédure des tribunaux de commerce français, discipline des défenseurs réglée par le Ministre de la Guerre)* (2)	
»	26 novemb. —	Arrêté ministériel, *qui règle l'exercice et la discipline de la profession de défenseur près les tribunaux d'Algérie. (Avocats inscrits en France peuvent plaider avec autorisation spéciale du Ministre de la Guerre)* (3).	
1842.	26 septemb. —	Ordonnance du Roi, *sur l'organisation de la justice en Algérie. (Discipline des défenseurs à régler par le Ministre de la Guerre)* (4).	
»	22 novemb —	Arrêté ministériel, *portant règlement des attributions du procureur-général et de la discipline de l'ordre judiciaire. (Pouvoir disciplinaire)* (5).	
»	18 décemb. —	Arrêté ministériel, *portant règlement des attributions des commissaires civils. (Pas d'officier ministériel, etc.)* (6).	
»	26 décemb. —	Ordonnance du Roi, *qui institue en Algérie des curateurs aux successions vacantes. (Curatelle obligatoire pour les défenseurs, défense d'y postuler, émolument)* (7).	

(1) Non cité dans l'Opuscule. — V. *Bulletin officiel des actes du Gouvernement d'Algérie.* — T. Ier, p. 391, nº 200.

(2) Non citée dans l'Opuscule. — V. *Bulletin des lois*, IX, O, 802, nº 9242. — *Duvergier*, T. XLI, p. 94.

(3) Non cité dans l'Opuscule. — V *Bulletin officiel des actes du Gouvernement d'Algérie.* — T. II, p. 381, nº 219.

(4) Non citée dans l'Opuscule. — *Bulletin des lois*, IX, O, 947, nº 10260. — *Duvergier*, T. XLII, p. 526.

(5) Non cité dans l'Opuscule. — V. *Bulletin officiel des actes du Gouvernement d'Algérie.* — T. III, p. 175, nº 153.

(6) Non cité dans l'Opuscule. — V. *Bulletin officiel des actes du Gouvernement d'Algérie.* — T. III, p. 220, nº 157

(7) Non citée dans l'Opuscule. — V. *Bulletin des lois*, IX, O, 975, nº 10462. — *Duvergier*, T. XLIII, p. 14.

---

(1) Non citée dans l'Opuscule. — V. *Bulletin des lois*, IX, O, 938, n° 10618 — *Duvergier*, T. XLIII, p. 116.

(2) Non cité dans l'Opuscule. — V. *Bulletin officiel des actes du Gouvernement d'Algérie.* — T. V, p. 102, n° 200.

(3) Non cité dans l'Opuscule. — V. *Bulletin officiel des actes du Gouvernement d'Algérie.* — T. VI, p. 307, n° 242.

(4) Non cité dans l'Opuscule. — V. *Bulletin officiel des actes du Gouvernement d'Algérie.* — T. VII, p. . . . . . . n° 272.

(1) Non cité dans l'Opuscule. — V. *Bulletin des lois*, XI, 45, n° 406. — *Duvergier*, T. LIII, p. 152.

(2) Non cité dans l'Opuscule. — V. *Bulletin des lois*, XI, 208, n° 1886. — *Duvergier*, T. LIV, p. 455.

TABLE DES MATIÈRES.

23 juillet 2

. . . . Etre avocat n'est autre chose que préférer l'étude aux plaisirs, le labeur au repos, l'honneur au profit . . . . . Celui-là ne le peut être qui ne connait les livres que par l'intitulation, qui ne les voit qu'en leur frontispisce, ou qui ne les lit que comme les chiens d'Égypte boivent l'eau du Nil, savoir en courant . . . .

. . . . Un avocat est un œil toujours ouvert, une main toujours en action pour le secours des autres, un esprit qui ne se relache point. ce n'est pas dans la mollesse d'un lit, ce n'est pas dans l'amusement du jeu, ce n'est pas au giron des dames et par leur entretien que se forment les avocats.

. . . .

. . . . Qu'on ne se flatte donc pas sur les avantages qu'on peut avoir de la nature, qu'on n'estime pas qu'ils puissent seuls réussir : si l'on n'y joint le travail, les veilles, les matinées et l'exercice du barreau, il y aura toujours à redire, et il est à craindre que l'on ne fasse autant de fautes que d'essais, de chutes que de saillies; pareils aux enfants qui veulent courir, lorsqu'ils n'ont pas encore la force et le pouvoir de marcher . . . .

. . . . L'homme et le travail font l'homme, l'honnête homme, l'homme de lettres, l'excellent avocat. Ainsi nous devons cette formation, cette perfection, partie à la nature et le surplus à nous-même, c'est-à-dire à la peine que nous prenons à cultiver ce que nous tenons de la nature, et quoique le concours de ces deux principes, la nature et l'art, semble nécessaire, s'il y avait de la répugnance à les assembler, et qu'il fallut choisir l'un des deux, nous estimerions que l'art et l'étude seraient à préférer au bénéfice de la nature, et, quoiqu'on dise de ses faveurs, un avocat réussirait plutôt par l'art et la peine, sans un naturel avantageux, qu'il ne ferait sans le travail, par une nature facile.

Mais ce n'est pas tout d'acquérir la science, il faut que la probité l'accompagne, si celle-là peut commencer un avocat, c'est celle-ci qui l'achève . . . .

. . . . Concluons donc qu'un avocat, tant fut-il disert et savant, qui ne préférerait la vertu aux ruses, la réputation au lucre, la conscience à la vanité, serait autant ou plus éloigné de sa profession, que les sophistes l'étaient du nom de sages et de philosophes.

HENRYS. — Harangues. — Edition de 1772. T. IV. p. 386.

www.ingramcontent.com/pod-product-compliance
Ingram Content Group UK Ltd.
Pitfield, Milton Keynes, MK11 3LW, UK
UKHW012211240726
13966UKWH00002B/699